JN412326

엘리야의 은 나팔 2

여호와께서 모세에게 말씀하여 이르시되 은 나팔 둘을 만들되 두들겨 만들어서 그것으로 회중을 소집하며 진영을 출발하게 할 것이라

(민 10:1-2)

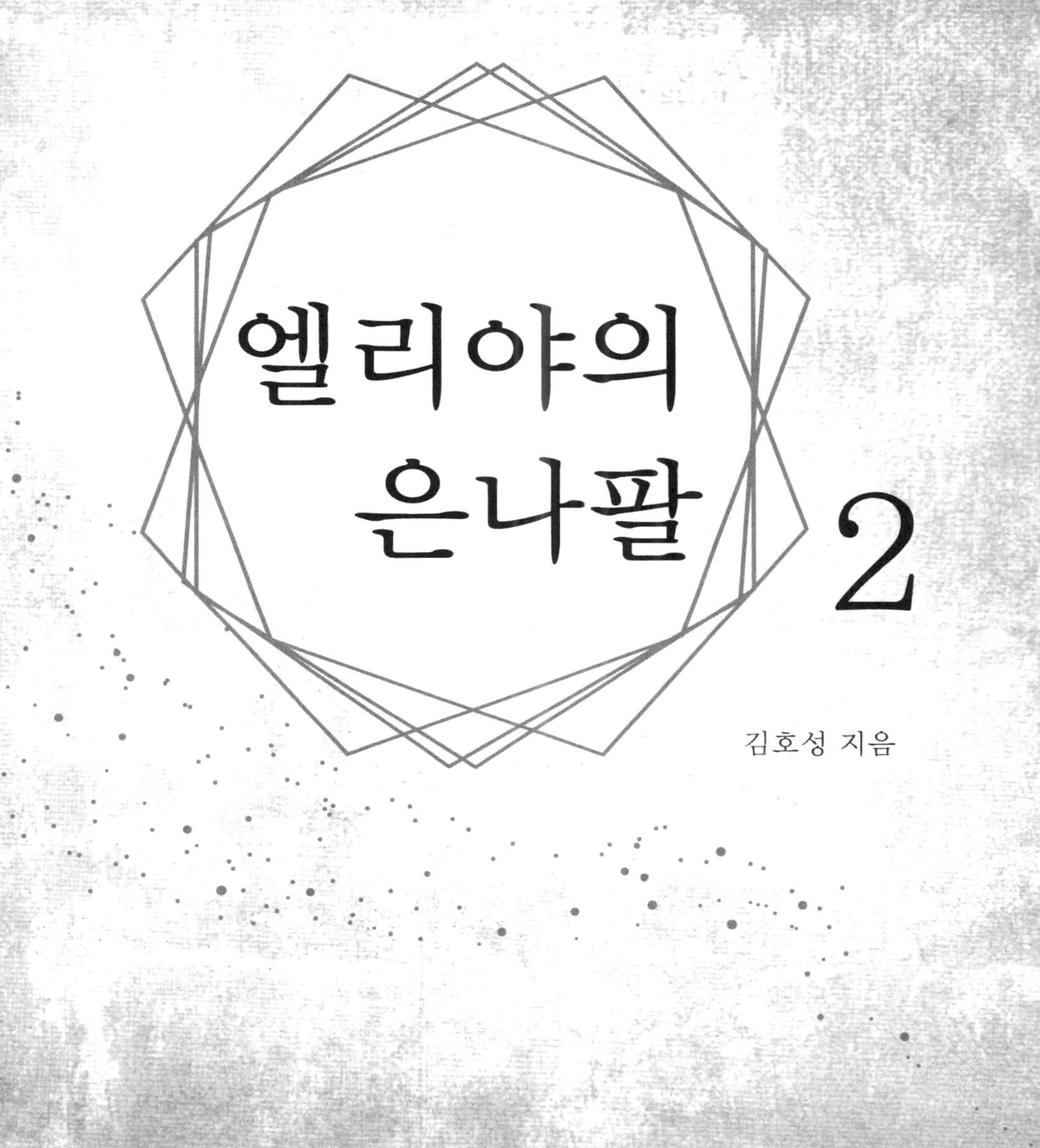

위대한 나팔수로 하나님께 쓰임 받았던 엘리야를 통하여
살아계신 하나님과 동거, 동행, 동역하는 모습을
경험하라!!

들어가며

출애굽 광야시대에 하나님께서 이스라엘 백성들을 인도하시고 보호하시는 중요한 방법이 있었다. 그것은 불기둥과 구름기둥을 통해서였다. 얼마나 신기하고 놀라운가? 성막 위에 펼쳐진 구름기둥이 움직이면 백성들도 움직였다. 밤에는 불기둥으로 하나님의 임재의 위엄을 드러내실 뿐만 아니라 백성들을 보호하셨다.

그런데 민수기에 하나님의 인도, 보호와 관련 된 또 다른 말씀이 나온다.

민수기 10장 1절로 9절이다.

1 여호와께서 모세에게 말씀하여 이르시되
2 은 나팔 둘을 만들되 두들겨 만들어서 그것으로 회중을 소집하며
진영을 출발하게 할 것이라
3 나팔 두 개를 불 때에는 온 회중이 회막 문 앞에 모여서 네게로
나아올 것이요
4 하나만 불 때에는 이스라엘의 천부장 된 지휘관들이 모여서 네게
로 나아올 것이며
5 너희가 그것을 크게 불 때에는 동쪽 진영들이 행진할 것이며
6 두 번째로 크게 불 때에는 남쪽 진영들이 행진할 것이라
떠나려 할 때에는 나팔 소리를 크게 불 것이며
7 또 회중을 모을 때에도 나팔을 불 것이나 소리를 크게 내지 말며
8 그 나팔은 아론의 자손인 제사장들이 불지니 이는 너희 대대에

영원한 율례니라
9 또 너희 땅에서 너희가 자기를 압박하는 대적을 치러 나갈 때에는 나팔을 크게 불지니 그리하면 너희 하나님 여호와가 너희를 기억하고 너희를 너희의 대적에게서 구원하시리라.

이스라엘 백성들을 인도하시고 소집하시고 전쟁에 나가게 하시는데 중요한 수단을 또 하나 준비하게 하셨다. 성막 위에 떠올라 있는 구름기둥이 움직일 때 행진하도록 되어 있는데 또 다른 신호를 만드신 것이다.

이것은 겹치는 기능이라기보다는 더 세미한 인도하심과 보호하심을 위한 수단이다. 민수기 10장 말씀에서와 같이 나팔 두 개를 만들어 필요에 따라 제사장이 불게 하셨다.

두 개를 불 때에는 온 회중이 성막 앞으로 나오는 신호요 하나를 불 때면 이스라엘의 천부장 된 자들을 소집하는 용도였다. 뿐만 아니라 행진을 알리는 신호로도 쓰였고 전쟁에 나아갈 때에도 사용하게 하셨다.

오늘 이 나팔의 역할을 무엇이 하고 있는가? 또 어떤 방법으로 나팔의 역할을 하고 있는가? 바로 하나님의 기록된 말씀, 약속 된 말씀, 선포 된 말씀이다. 성경이다. 따라서 기록된 말씀에 기여한 모든 성경저자와 등장하는 인물은 하나님의 나팔을 불고 있는 사람들이다.

열왕기상 17장 이하에 등장하는 엘리야의 사역은 위대하다.
참으로 하나님이 주신 귀한 나팔을 적절하게 사용한 사람이며 위대한 나팔수로 하나님께 쓰임 받았다고 할 수 있다.

그래서 책 제목을 「엘리야의 은나팔」이라 했다.

그렇다면 오늘날 설교자는 누구인가? 마찬가지다. 나팔수들이다. 성경을 기록하고 기록되는데 기여한 사람들이 1차 나팔수들이라면 그들이 불었던 나팔의 내용을 현 상황에 맞게 부는 2차 나팔수들이라 할 수 있다. 말씀의 선포자들이다.

그러므로 이런 관점에서 2차 나팔수인 본 저서의 저자는 하나님 앞에 무한한 책임감과 부족함과 감사를 동시에 느낀다.

어설프게 불어대는 나팔소리가 잘못된 신호를 주지는 않을지, 하나님 앞에 죄송한 마음이 많다. 그럼에도 불구하고 그 역할을 조금이라도 감당했으면 하는 마음으로 「엘리야의 은 나팔 1」에 이어 「엘리야의 은 나팔 2」의 출판에 용기를 냈다.

틀린 어법을 교정하는데 수고한 부교역자들께 감사드린다. 졸저의 출판을 위하여 늘 응원해주시는 당회원과 모든 성도님들께 깊은 감사를 드린다. 특히 사랑하는 아내와 큰 딸 하영이의 많은 수고에 고마운 마음이 크다. 작은 딸 예영이와 쌍둥이 아들 창영이와 수영이는 하나님이 내게 주신 면류관이다. 뿐만 아니라 출판할 때마다 온 정성을 기울여 주시는 베드로서원 방주석 장로님께도 심심한 감사를 드린다.

모든영광은 하나님께!

샬롬 마라나타!

2019년 12월

평택에서 삼동 김호성 목사.

목차

여호와께서 모세에게 말씀하여 이르시되 은 나팔 둘을 만들되 두들겨
만들어서 그것으로 회중을 소집하며 진영을 출발하게 할 것이라

(민 10:1-2)

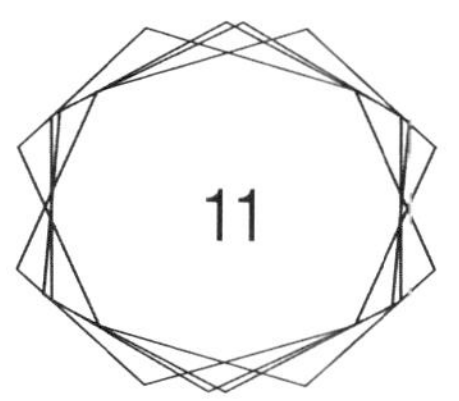

얼굴을 무릎 사이에 넣고

(왕상 18:41-46)

엘리야의 기도로 하늘에서 불이 내렸다. 이 불은 이스라엘 백성들에게는 은혜의 불이었다. 그러나 바알 선지자들에게는 재앙의 불, 심판의 불이었다. 이스라엘 백성들에게는 하나님의 복이었으나 바알 선지자들에게는 재앙이었다. 그들은 모두 죽임을 당했다. 이제 3년여의 지긋 지긋한 가뭄이 끝날 것이다. 사람은 무엇인가 부족하고 결핍의 상황이 오면 답답함을 느낀다. 괴로움을 느낀다. 그러나 그 부족함과 결핍이 해결될 때는 크게 만족한다.

이스라엘 땅에 드디어 비가 내린다. 그야말로 은혜의 단비다. 그런데 비 내리는 이야기를 가만히 생각해보면 참 재미있다. 앞에서는 하늘에서 뭐가 내리도록 기도했는가? 바로 불이었다. 엘리야는 불을 내려 달라고 하나님께 기도했다. 그런데 이제는 무엇을 위하여 기도하고 있는가? 바로 물이다. 그러니까 하나님은 물불을 가리지 않는 분 같다. 불을 내려주시고 금방 물을 내리시면 그 불이 어떻게 되겠는가? 참 재미있다는 생각이 든다.

여기서 말씀하시는 불과 물은 모두 영적인 의미가 있다. 하나님께서 이 말씀을 성경에 기록해 놓은 것은 비가 오지 않을 때 하나님의 능력으로 비가 내리는 것을 통하여 뭔가 더 중요한 이야기를 하시려는 것이다.

이 비는 인생살이를 하면서 만나는 모든 필요를 상징한다. 그래서 이 비를 은혜의 단비라고 이름을 붙일 수 있다. 따라서 이 말씀은 은혜의 단비가 멈추었을 때 그 비가 왜 멈췄는지, 오게 하려면 어떻게 해야 하는지에 대한 귀중한 교훈을 준다.

성도는 하늘에서 내리는 은혜의 단비도 받아야 한다. 우리는 이 세상에 살면서 하나님이 내려주시는 은혜의 단비가 반드시 필요하다. 하나님이 내려주시는 은혜의 단비가 필요하지 않은 부분이 없다. 우리의 생명과 삶은 온전히 하나님께 달려 있다. 하나님은 우리에게 은혜의 단비를 내려주심으로 풍성한 삶을 살도록 하신다.

가물어서 비가 오지 않다가 비가 올 때 기쁨이 있고 환희가 있듯이 인생의 가뭄에서 하나님이 내려주시는 은혜의 단비를 받을 때도 마찬가지다. 성경은 바로 그런 이야기의 모음이다. 성경에 등장하는 수많은 이야기를 이런 관점에서 보는 지혜가 있어야 한다. 인간은 하나님의 도움이 반드시 필요하고 하나님은 은혜의 단비를 통하여 그 도움을 베풀어 주신다. 우리는 그 이야기들을 읽을 때 감동하고 감격한다. 왜 그런가? 그 이야기들이 그 당시 사람들에게만 해당되는 것이 아니기 때문이다. 그 이야기는 바로 오늘 이 시대를 살고 있는 우리들에게 그리고 앞으로 오고 오는 많은 성도들에게도 똑같이 적용되는 이야기이기 때문이다.

본문 말씀 속에서 내리는 은혜의 단비가 당시 이스라엘 백성에게와 모든 생명체에게 생명과 능력을 주었듯이 이 시대를 살아가는 우리에게도 넘치는 은혜를 주실 것이다. 그래서 삶의 다양한 가뭄으로 고통당하는 사람들에게 해갈의 축복이 임하게 하실 것이다.

큰 비의 소리가 있나이다(왕상 18:41).

하나님은 불을 내리심으로 백성들에게 주 여호와만이 하나님이심을 증명하셨다. 그들의 마음도 하나님께로 돌아섰다. 이 일에 하나님의 종 엘리야의 수고와 헌신이 덧붙여졌다. 다시 말해서 엘리야는 하나님과 위대한 동역을 한 것이다.

우리는 하나님의 동역자들이다. 따라서 하나님과 동역해야 한다. 우리의 일과 하나님의 일에서 동역이 반드시 필요하다. 우리의 일에 하나님과 동역이 이루어지면 위대한 믿음의 역사가 일어난다. 우리는 하나님과 동역하는 것을 제대로 배워야 한다.

평생 예수님을 믿는다 하면서 자신의 일을 하는데 하나님과 동역하는 개념조차 모르는 사람들이 있다면 안타까운 일이다. 그것은 엄청난 손실이다. 동역의 개념을 알고 주님과 동역하는 수많은 성도들이 있다. 상상할 수 없을 정도로 하나님의 축복을 경험한다. 사업을 하고 직장을 다니면서 하나님의 전능하신 능력을 경험한다.

뿐만 아니라 엘리야는 하나님의 일에 동역을 하고 있다. 이 부분도 마찬가지다. 평생을 살면서 하나님과 하나님의 일에 동역하는 수많은 성도들이 많다. 엄청난 업적을 이룬다. 간증이 넘친다. 그러나 어떤 사람들은 이 개념조차 모른다. 하나님의 일에 전혀 관심이 없다. 그렇게 살다가 주님 앞에 서면 어떻게 될까? 천국에서 우리는 어떤 지위에 서 있게 될까?

고린도전서 15장 58절이다.

'그러므로 내 사랑하는 형제들아 견실하며 흔들리지 말고 항상 주의 일에 더욱 힘쓰는 자들이 되라 이는 너희 수고가 주 안에서 헛되지 않은 줄 앎이라'

또 디도서 2장 14절에도, **'그가 우리를 대신하여 자신을 주심은 모든 불법에서 우리를 속량하시고 우리를 깨끗하게 하사 선한 일을 열심히 하는 자기 백성이 되게 하려 하심이라'**고 말씀하고 있다. 우리의 눈이 열려야 한다. 귀가 열려야 한다. 마음이 열려야 한다. 영원을 어떻게 예비하는 것인지를 깨달아야 한다.

사도 바울은 빌립보서 2장 21절로 22절에서 이렇게 말씀한다.

'21 그들이 다 자기 일을 구하고 그리스도 예수의 일을 구하지 아니하되 22 디모데의 연단을 너희가 아나니 자식이 아버지에게 함같이 나와 함께 복음을 위하여 수고하였느니라.'

수많은 사람들이 모두 자기 일만 열심히 하느라 그리스도 예수의 일을 안 한다고 말씀한다. 오직 디모데만이 그리스도 예수의 일, 즉 복음을 위하여 수고했다.

중요한 사실은 하나님의 사람들이 하나님의 일을 할 때 혼자 한 것이 아니라 주님과 동역했다는 사실이다. 왜냐하면 혼자 할 수 없는 일이기 때문이다. 엘리야 역시 하나님의 일을 위하여 하나님과 동역하는 수고를 했다. 우리의 현주소가 어디인가? 왜 날마다 건강해야 하는가? 왜 사업이 잘 되어야 하는가? 왜 자식들이 잘 되어야 하는가? 혹시 그 자체가 목적은 아닌가? 우리의 영원을 위하여 잘 숙고하고 우리의 삶의 방향을 바르게 잡아야 한다.

하나님과 동역하는 엘리야의 작은 수고는 백성들의 마음을 하나님께로 돌이켰다. 백성들은 하나님을 떠나게 만들었던 바알 우상의 선지자들을 단호하게 처단했다. 그들을 심판함으로 하나님께 돌아가는데 방해되는 장애물을 치워버린 것이다.

하나님의 백성들에게 필요한 것이 바로 이것이다. 즉 여호와만이 하나님이심을 인정하지 않게 만드는 모든 장애물을 처리해야 한다. 그 장애물들을 처리할 때 우리의 마음은 하나님께로 향할 수 있다. 그렇게 하지 않으면 우리의 마음이 하나님께 붙어 있을 수 없다. 우리의 마음이 다른 것으로 하나님을 삼는다. 그러면 주 여호와가 우리의 하나님이 되실 수 없다. 결과는 끔찍하다.

백성들의 마음을 하나님께로 돌이킨 엘리야는 놀라운 말씀을 한다. 왕상 18장 41절이다.

'엘리야가 아합에게 이르되 올라가서 먹고 마시소서 큰 비 소리가 있나이다.'

엘리야는 아합 왕에게 큰 비의 소리가 있다고 하면서 올라가서 먹고 마시라고 한다. 아마 너무나 중요하고 큰 일들이 벌어진 하루였기 때문에 먹고 마실 시간도 없었던 것 같다. 하지만 우리는 본문 41절에서 중요한 말씀에 주목해야 한다.

바로 '큰 비 소리가 있다'는 말씀이다.

41절 이하에 보면 이 큰 비의 소리는 귀로 들리는 일반적인 소리가 아니었다. 본문의 분위기를 보면 하늘은 청명했고 바람 한 점 불지 않은 것으로 묘사되고 있다. 따라서 이 큰 비의 소리는 아무나 들을 수 있는 소리가 아니었다. 이 큰 비의 소리는 주 여호와가 하나님임을 분명히 알고 그 마음이 하나님께 돌아와 견고히 붙어 있는 사람에게 그리고 주님의 일에 동역하는 사람에게만 들려주시는 하나님의 세미한 음성이었다.

그렇다면 그 사람이 누구인가? 바로 엘리야다. 주 여호와가 하나님이심을 분명히 알고 그 마음이 온전히 하나님께 매여 있으며 하나님의 일에 헌신하는 사람이었기 때문에 다른 사람들은 들리지 않는 세미한 음성을 엘리야는 들을 수 있었다.

하나님의 백성들은 이 소리를 들을 수 있어야 한다. 하나님께서 우리 삶의 모든 영역에서 들려주시는 세미한 음성을 들을 수 있어야 한다. 아침에 눈을 떴을 때부터 시작하여 저녁에 잠자리에 누울 때까지 주님께서 우리의 삶의 모든 영역에서 우리에게 들려주시는 세미한 음성을 들을 수 있어야 한다.

이 세미한 음성이 들리는가? 살아 역사하시고 우리의 삶을 인도하시는 하나님의 음성을 듣고 살아가고 있는가? 구약의 광야시대에는 하나님께서 낮에는 구름기둥으로 밤에는 불기둥으로 당신의 백성들을 인도하셨다. 지금은 하나님께서 성령과 말씀으로 성도들을 인도하신다. 성령께서 우리의 심령에 세미한 음성을 말씀으로 들려주신다. 그 말씀으로 우리를 인도하신다. 성도는 그 음성을 들을 줄 알아야 한다.

많은 사람이 예수님을 믿고 살아가면서도 이 음성에 대하여 관심이 없다. 하나님께서 들려주시는 세미한 음성에 관심이 없으면 어떻게 살까? 하나님의 말씀이 아니라 자기 소견에 옳은 대로 살게 되어 있다. 성령님께서 우리를 축복하셔서 하나님의 말씀을 듣게 하셨다. 하나님의 말씀이 세미한 음성이다. 성도는 성경을 읽음으로 세미한 음성을 듣는다. 암송한 하나님의 말씀을 묵상함으로 성령의 세미한 음성을 듣는다. 주일마다 예배 시간마다 선포되는 말씀을 통하여 성령의 세미한 음성을 듣는다.

만일 우리가 세미한 성령의 음성을 듣지 못한다면 그 이유가 무엇일까? 간단하다. 주 여호와가 하나님이신 것을 제대로 알지 못하기 때문이다. 그래서 마음이 하나님께로부터 떠났기 때문이다. 세미한 음성이 없는 것이 아니라 듣지 못하는 것이다. 그러다보니 하나님의 뜻과 상관없는 삶을 살아간다. 마음이 하나님께로부터 떠나니까 하나님이 원하시는 삶의 지침을 알지 못할 뿐 아니라 알아도 시큰둥하다. 마음이 하나님을 떠나면 선악과를 따먹은 아담처럼 된다. 아담과 하와가 선악과를 따먹기 전에는 모든 삶의 영역에서 하나님의 세미한 인도하심을 받았다. 그러나 선악과를 따먹고 난 후에는 하나님의 인도하심을 원하지 않았다. 왜냐하면 스스로 하나님이 되었기 때문이다. 사탄이 말한 대로 선악을 분간하는 존재가 되었기 때문이다. 문제는 선악의 구분을 하긴 하는데 하나님의 기준과 다른 구분을 한다는 사실이다.

그렇게 되니까 하나님께서 말씀을 하셔도 의미가 없다. 들리지도 않는다. 이 원리는 지금도 동일하게 적용이 된다.

하나님은 세미한 음성을 통하여 언제나 우리의 삶을 인도하시고 이끌어주신다. 하지만 우리의 심령 속에 여호와를 하나님으로 인정하는 마음이 없으면 하나님의 세미한 음성이 들리지 않는다. 한걸음 더 나아가 우리의 마음에 죄악을 품고 있으면 하나님께서 말씀하시는 세미한 음성이 더더욱 들리지 않는다. 본문에서 비가 오는 세미한 소리를 들은 것은 오직 엘리야뿐이었다.

우리의 삶을 점검해보시기를 바란다. 나는 매사에 하나님의 인도하심을 사모하며 그 인도하심의 분명한 증거가 되는 세미한 음성을 기대하며 살아가고 있는가? 그리고 주님의 그 세미한 음성이 들리는가를 말이다.

얼굴을 무릎 사이에 넣고(왕상 18:42)

하나님이 들려주시는 세미한 음성을 들은 엘리야는 즉시 다음 동작으로 들어간다. 왕상 18장 42절이다. **'아합이 먹고 마시러 올라 가니라 엘리야가 갈멜산 꼭대기로 올라가서 땅에 꿇어 엎드려 그의 얼굴을 무릎 사이에 넣고'**

아합은 뭐 하러 올라갔나? 허기진 배를 채우러 올라갔다. 그러나 엘리야는 다른 곳으로 올라가고 있다. 어디로 올라가고 있는가? 바로 갈멜산 꼭대기다. 엘리야는 갈멜산 꼭대기로 올라가서 뭐하고 있는가? 기도하고 있다. 기도한다는 직접적인 표현은 없지만 자세를 보면 금방 알 수 있다. 얼굴을 무릎 사이에 넣었다는 말이 그런 의미다. 얼굴을 무릎 사이에 넣고 하는 것이 기도 말고 무엇이 있는가? 없다. 엘리야는 하나님 앞에 기도하기 시작했다. 우리도 기도할 때 이런 자세로 한번 해보았으면 좋겠다. 결코 쉬운 자세는 아니다. 하다가 아마 허리 다치는 분들도 있을 것 같다.

우리는 이 말씀에서도 중요한 영적 진리를 놓쳐서는 안 된다. 41절에서 하나님은 큰 비가 내리는 소리를 엘리야에게 듣게 해 주셨다. 세미한 음성으로 분명하게 들려주셨다. 큰 빗소리를 들어보았는가? 장마 기간 중에 듣게 되는 큰 빗소리는 공포와 두려움을 자아낸다. 그러나 본문에 나오는 상황이 어떤가? 3년이 넘는 시간 동안 비 한 방울 내리지 않았다. 이런 상황에서 듣는 큰 빗소리는 복음이다. 최고로 기쁜 소식이다.

그런데 분위기가 좀 이상하다. 하나님이 그냥 내려주시면 되지 않나? 그게 아니다. 여기서 우리는 하나님이 일하시는 특징을 또 발견한다. 그것은 우리에게 주신 약속도 반드시 기도를 통하여 성취시켜 주신다는 사실이다. 이것은 만고불변의 대 진리다. 이것을 아는 성도들만이 기도 한다. 기도를 사랑한다. 기도를 즐긴다. 기도시간과 다른 것을 타협하지 않는다. 새벽기도라는 말만 들어도 가슴이 뛴다. 금요기도회라는 말만 들어도 가고 싶어진다.

하나님의 약속이 실현되지 않는 경우, 우리는 우리의 기도를 점검해 보아야 한다. 우리는 열왕기상 17장에서 엘리야가 우상을 섬기는 아합 왕에게 나아가서 경고하던 그 음성을 기억한다. 그 말씀과 오늘 본문에서 일어나는 이야기를 통하여 하나님의 약속이 우리의 기도를 통하여 성취된다는 것을 분명히 알 수 있다. 열왕기상17장 1절을 보자.

'길르앗에 우거하는 자 중에 디셉 사람 엘리야가 아합에게 말하되 내가 섬기는 이스라엘의 하나님 여호와께서 살아 계심을 두고 맹세하노니 내 말이 없으면 수 년 동안 비도 이슬도 있지 아니하리라 하니라'

엘리야는 우상을 섬기는 아합 왕과 백성들 때문에 비가 오지 않을 것임을 경고했다. 그 경고를 하면서 엘리야는 '내 말이 없으면 수년 동안 비도 이슬도 있지 않을 것'을 말했다.

여기서 말씀하고 있는 '내 말'이 무엇인가? 바로 기도다. 엘리야가 하나님께 기도하지 않으면 비가 오지 않을 것이고 엘리야가 기도할 때 비가 올 것임을 말씀하고 있다. 신약성경 야고보서 5장 17절로 18절에 보면 이 사실을 분명히 알 수 있다.

'17 엘리야는 우리와 성정이 같은 사람이로되 그가 비가 오지 않기를 간절히 기도한즉 삼 년 육 개월 동안 땅에 비가 오지 아니하고 18 다시 기도하니 하늘이 비를 주고 땅이 열매를 맺었느니라.' 이런 이유로 엘리야는 비가 오는 세미한 소리를 듣고 하나님께서 비를 내려주시도록 기도하기 위하여 갈멜산 꼭대기로 올라간 것이다.

하나님께서 성도들에게 주신 세미한 음성이 너무나 많다. 때로는 우리 마음에 확신으로 주신다. 우리의 삶을 인도하신다는 음성을 주신다. 때로는 기록된 말씀으로 세미한 음성을 듣게 하신다. 인도와 보호와 공급에 대한 세미한 음성도 주신다. 우리를 건강으로 축복하신다는 말씀도 주신다. 하나님이 누구신지 알게 하시겠다는 음성도 주신다. 그러나 그 음성을 듣는 데서 끝내면 안 된다. 그 말씀을 붙잡고 뭐해야 하는가? 그렇다. 기도해야 한다. 어떻게 기도해야 하는가? 머리를 다리 사이에 넣고 기도해야 한다. 이 말은 하나님께서 우리에게 들려주신 말씀대로 시행해 주실 것을 믿고 온 마음으로 기도하라는 것이다.

하나님의 약속과 성취 사이에는 간격이 있다. 그 간격을 메우는 수단이 바로 기도다. 그러니까 기도하지 않는다면 그 간격은 메워지지 않는다는 말이다. 오늘 많은 성도들이 여기서 웃기도 하고 울기도 한다. 이것을 알고 기도하는 분들은 웃는다. 그러나 이것을 무시하고 기도하지 않는 분들은 운다. 엘리야는 이것을 알았다. 우리도 이것을 알아야 한다.

하나님을 섬기는 많은 분들이 이 점을 간과한다. 아니 무시한다. 그래서 기도하지 않는다. 기도에 대하여 너무 단순하게 생각한다. 그러면 비가 오지 않는다. 하나님이 내려주시는 은혜의 단비가 내리지 않는다. 비가 온다는 세미한 음성을 듣지 못하는 것도 심각한 문제이지만 하나님이 들려주시는 그 세미한 음성을 듣고도 기도하지 않으므로 하나님이 내리시는 은혜의 단비를 경험하지 못하는 것은 더 안타까운 일이다.

우리의 삶을 한번 점검해 보시기 바란다. 하나님의 은혜의 단비가 필요하지 않은 부분이 있는가? 아니다. 성도는 하나님의 은혜의 단비가 너무나 필요하다. 사람은 하나님의 모양과 형상으로 지음 받은 존재이므로 반드시 하나님의 도움을 받아 하나님과 함께 살게 되어 있다. 하나님이 내려주시는 은혜의 단비를 받아야만 제대로 살 수가 있다.

우리가 어떻게 살아야 할지 제대로 아는 사람이 있는가? 이 세상에 한 사람도 없다. 우리의 능력에 한계가 있기 때문이다. 성도는 하나님의 도움을 받으며 살아가는 사람들이다. 그것은 하나님의 세미한 음성을 듣고 이를 위하여 기도할 때 가능하다.

예를 들어, 우리의 자녀들의 미래가 걱정되고 염려되는가? 하나님은 말씀을 통하여 세미한 음성을 분명히 주신다. 그러면 그 말씀 붙잡고 기도해야 한다. 자녀들을 위하여 하나님의 뜻이 이루어지도록 기도해야 한다. 우리의 사업에 하나님의 인도하심이 필요한가? 일용할 양식을 약속하시는 세미한 음성을 하나님이 주신다. 그 음성을 들었다면 기도하면 된다. 경제가 어렵다는 말만 하지 말고 주님의 방법대로 하면 된다. 그 음성을 들었으면 이제는 기도해야 한다. 대충 하지 말고 머리를 무릎 사이에 넣고 기도해야 한다. 믿음으로 야무지게 기도하라는 말이다. 예수님이 기도하실 때 땀방울이 핏방울 되듯 하셨다고 말씀한다.

우리가 왜 이 땅에 존재하는지 하나님은 세미한 음성으로 들려주신다. 무엇을 하면서 살아야 할지도 알려 주신다. 그러면 그 다음은 무엇을 해야 하는가? 그것을 놓고 기도해야 한다. 기도할 때 놀라운 축복이 기다리고 있다.

우리 자신의 필요에만 머물 수 없다. 성숙한 성도는 그 범위를 넓혀 나간다. 하나님이 엘리야를 사용하셔서 민족과 나라를 살리셨듯이 지금도 하나님은 우리를 사용하셔서 우리 이웃을 살리신다. 우리 주변에 은혜의 단비에 목말라 있는 사람들을 살리신다. 사람이 이 땅에서 하나님께 쓰임 받지 못하고 살아간다면 그것은 안타까운 일이다. 우리의 진정한 가치는 하나님과 함께 하나님의 일을 감당할 때 나타나게 되어 있다. 우리 주변에 우리의 도움을 기다리는 세상 사람들이 너무나 많다.

가장 시급한 것이 무엇인가? 수많은 사람들이 주 여호와가 하나님이신 것을 알지 못한다. 이것은 죽느냐 사느냐의 문제다. 주님은 복음을 통하여 그들을 살릴 수 있다고 말씀하셨다. 주님의 세미한 음성을 통하여 말씀하셨다. 이제는 그것이 가능해지도록 기도하면 된다. 이것이야말로 기도의 자리를 사수해야 할 이유다. 그들의 영혼을 예수님께 인도하도록 기도해야 한다. 머리를 무릎 사이에 넣고 기도해야 한다. 간절히 기도해야 한다.

수많은 영혼을 살리는 사람들의 특징이 무엇인가? 바로 머리를 무릎 사이에 넣고 기도한다. 예수님을 믿는다고 하지만 위대한 믿음의 역사를 일으키지 못하는 사람들의 특징이 무엇인가? 머리를 무릎 사이에 넣고 기도하지 않는다. 기도생활이 형편없거나 아예 없다. 그러면 은혜의 단비는 내리지 않는다.

우리는 하나님의 세미한 음성을 듣고 살아가야 한다. 세미한 음성을 듣기만 하면 아무런 일도 일어나지 않는다. 엘리야처럼 머리를 무릎 사이에 넣고 기도해야 한다. 그때 풍성한 열매가 선물로 주어진다.

아무것도 없나이다(왕상 18:43-44)

엘리야는 하나님이 주신 세미한 음성을 의지하여 갈멜산 꼭대기에서 기도하기 시작한다. 머리를 무릎 사이에 넣고 기도했다. 왕상18장 43절이다.

'그의 사환에게 이르되 올라가 바다 쪽을 바라보라 그가 올라가 바라보고 말하되 아무것도 없나이다 이르되 일곱 번까지 다시 가라'

엘리야는 기도를 하되 간절히 했다. 오늘 본문에 보면 엘리야가 몇 번을 기도했다고 말씀하고 있는가? 일곱 번이다. 엘리야는 한 번 기도할 때마다 자기 사환에게 잘 보이는 데로 올라가서 바다 편을 바라보게 하고 무엇이 보이느냐고 물었다. 그게 무엇이었을까? 이어지는 44절을 보면 구름이다. **'일곱 번째 이르러서는 그가 말하되 바다에서 사람의 손 만 한 작은 구름이 일어나나이다. 이르되 올라가 아합에게 말하기를 비에 막히지 아니하도록 마차를 갖추고 내려가소서 하라 하니라'**

엘리야의 사환이 손바닥 만 한 작은 구름이 보인다고 대답한 것은 일곱 번째까지 갔을 때다. 기도 한 번 세게 하고 사환에게 계속 일곱 번 올라갔다 오라 했을 수도 있다. 그러나 정황상으로 볼 때 엘리야는 같은 기도를 일곱 번 했다. 한 번 기도할 때마다 사환에게 부탁한 것이다. 그러니까 여섯 번 기도했을 때까지 구름은 보이지 않았다. 그때마다 사환이 엘리야에게 와서 하는 말이 무엇이었나? 43절에 보면 **'아무것도 없나이다.'**였다.

사실 우리가 어떤 기도제목, 그것도 하나님이 구하면 주시겠다고 하신 것을 구하는데도 응답이 없을 때는 실망하고 절망할 수 있다. 열심히 기도하고 구하는데도 아무 응답이 없는 것이다. 그런데 엘리야는 기도하기를 멈추지 않았다. 아마 일곱 번 기도했는데도 소식이 없었다면 여덟 번, 아홉 번, 열 번 계속 기도했을 것이다. 여기 일곱이라는 숫자가 중요하다. 완전수다. 성경의 많은 부분에서 중요한 의미를 준다. 일곱 번 기도한다는 의미는 응답받을 때까지 계속 기도한다는 의미이기도 하다.

그렇다면 엘리야가 이렇게 포기하지 않고 기도할 수 있었던 원동력은 무엇이었나? 기도해도 아무것도 없는 상태, 기도해도 응답이 없는 상황을 이길 수 있었던 비결은 무엇이었나? 그것은 하나님이 누구신지, 어떤 분이신지 엘리야가 분명히 알고 있었기 때문이다. 우리는 그것을 어렵지 않게 발견할 수 있다. 엘리야의 이야기는 열왕기상 17장에서 본격적으로 시작된다. 우리는 열왕기상 17장에서 엘리야가 어떤 일들을 겪었는지를 이미 살펴보았다.

엘리야는 아합 왕에게 비가 오지 않을 것이라 경고하고 난 후에 하나님의 인도하심을 따라 3년 반 동안의 기근을 두 곳에서 보낸 바 있다.

처음에 하나님께서 인도하신 곳은 그릿 시냇가, 두 번째로 인도하신 곳은 시돈 나라에 속한 사르밧 땅의 어느 과부의 집이었다. 이 두 곳은 먹을 양식이 풍부한 곳이 결코 아니었다. 본문에서 엘리야의 사환이 대답한 것처럼 '아무것도 없는 곳'이었다. 엘리야가 그릿 시냇가에 피해 있을 때 하나님은 까마귀를 동원하셔서 엘리야를 먹여 살리셨다. 두 번째 피신 장소인 사르밧 과부의 집에도 마찬가지였다. 사르밧 과부는 이제 겨우 한번 먹을 양식을 가지고 있었을 뿐이었고 그것 먹고는 죽을 작정이었다.

그야말로 이 두 곳은 **'아무것도 없는 곳'**이었다.

그러나 우리는 엘리야가 그 속에서 어떻게 살아남았는지를 안다. 그 **'아무것도 없는 상황'**에서 하나님은 하늘 문을 여시고 엘리야를 먹이셨다. 아무것도 없는 곳에서 엘리야의 생명을 책임지셨다. 아무것도 없는 그곳에 **'모든 것이 되시는 하나님'**이 계셨기에 전혀 문제될 것이 없었다. 이런 체험이 있었던 엘리야는 **'아무것도 없나이다.'**라고 대답하는 사환의 말을 듣고도 실망하지 않았다. 낙심하지 않았다. 하나님께서 전에도 아무것도 없는 상황과 환경에서 모든 필요를 채우셨기 때문에 신경 쓰지 않고 응답이 올 때까지 힘써 기도하기를 쉬지 않았던 것이다. 엘리야는 아브라함과 같은 신앙의 소유자였다. 로마서 4장 17절이다. **'기록 된 바 내가 너를 많은 민족의 조상으로 세웠다 하심과 같으니 그가 믿은바 하나님은 죽은 자를 살리시며 없는 것을 있는 것으로 부르시는 이시니라'**

현재 우리의 환경과 형편이 어떠한가? 아무것도 보이지 않는가? 그래서 낙심하고 있는가? 절망하고 있는가? 낙심하고 절망하는 것은 하나님의 뜻이 아니다. 오히려 사탄이 원하는 것이다. 하나님의 음성을 듣고 사는 사람들, 주 여호와가 하나님이심을 믿고 사는 사람들은 눈앞에 아무것도 없는 것을 두려워하지 않는다. 얼마나 많은 분들이 아무것도 없는 곳에서 하나님의 기적을 경험하는지 모른다. 그것은 물질일 수 있다. 삶의 다양한 필요일 수 있다. 또 하나님의 뜻을 이루는 삶일 수도 있다. 하나님 앞에 기도함으로 하나님의 은혜의 단비를 경험한다. 이런 분들은 아무것도 없는 상황에 대하여 엘리야처럼 두려워하지 않는다. 더 끈기 있게 하나님을 의지하고 기도한다.

반대로 많은 사람이 아무것도 없는 상황에서 좌절하고 절망한다. 이런 분들은 조금 기도하다가 이내 포기한다. 한두 번 기도하다가 응답이 없으면 실망하고 낙심한다. 기도하다가 아무것도 없다는 마음이 들 때 기도하기를 멈춘다. 쉽게 단념한다. 절망을 친구삼고 살아간다.

그러면 안 된다. 하나님은 전능하신 분이시다. 우리를 지으신 창조주시다. 없는 것을 있게 하시며 죽은 자를 살리는 분이다. 이 진리를 믿는가? 하나님은 우리의 기도를 기다리신다. 믿음의 기도를 기다리신다. 왜냐하면 우리를 향하신 하나님의 약속은 우리의 기도를 통하여 성취되기 때문이다. 우리의 일용할 양식에 문제가 있는가? 이미 주시겠다고 약속하신 것 아닌가? 경제가 어렵다고 말하지 말고 기도하라. 나이가 들어가는데 배필이 나타나지 않고 있는가? 낙심 대신 무릎사이에 머리를 넣고 기도하라. 질병으로 고통 받고 있는가? 포기할 힘이 남아 있으면 하나님께 기도하라. 하나님은 없는 것을 있게 하시는 창조주 하나님이시다.

기도의 불이 완전히 꺼진 사람들이 너무나 많다. 그러면 은혜의 단비가 오지 않는다. 하나님의 능력을 덧입을 수가 없다. 오늘 기도의 불을 꺼버린 분들은 기도의 불을 다시 살려야 한다. 사탄은 수단과 방법을 가리지 않고 기도의 불을 살리지 못하게 막는다. 피곤해서 기도하지 못한다고 말한다. 그러나 그것은 진정한 이유가 못 된다는 것을 우리 스스로 너무나 잘 알고 있지 않은가? 또 바쁘다고 말한다. 그렇게 기도할 시간도 없이 바쁘게 살아서 얼마나 풍성한 열매를 거두는가? 바쁘다는 것도 핑계라는 것을 우리 스스로 잘 안다. 기도의 불을 살리면 피곤을 이길 수 있다. 하나님께서 독수리가 날개 치며 창공을 향해 날아오르는 것처럼 오히려 하나님께서 새 힘을 주신다.

피곤하다는 핑계를 자꾸 대면서 기도의 불을 살리지 않으면 진짜 피곤해 질 수 있다.

기도의 불을 살리면 하나님께서 바쁘지 않게 하실 줄 믿는다. 바쁘게 산다고 좋은 것이 아니다. 성도는 왜 바쁜지 정말 바빠야 하는지를 진지하게 숙고해야 한다. 기도하지 않고 바쁘면, 인생에서 남는 장사를 할 수가 없다.

또 기도의 불이 꺼져가고 있는 분들도 많다. 완전히 꺼진 것은 아니지만 아슬아슬하다. 오늘 이 시대에 기도의 불이 꺼지면 안 된다. 다른 것은 못해도 기도의 불은 끄면 안 된다. 기도의 불이 꺼져가는 분들은 이 시간을 시작으로 다시 살려야 한다.

기도의 불이 꺼진 성도들, 기도의 불이 꺼져가는 성도들에게 있는 원인은 무엇인가? 은혜의 단비를 경험하지 못해서 그렇다. 기도응답을 받지 못해서 그렇다. 왜 응답을 받지 못하는 것인가? 한두 번 기도하다가 포기해서 그렇다. 우리는 엘리야처럼 기도해야 한다. 무릎 사이에 머리를 넣고 기도해야 한다. 일곱 번 아니 칠십 번이라도 기도해야 한다. 세미한 음성이 있다면, 내가 구하는 것이 하나님의 말씀이고 하나님의 뜻이라면 포기하지 말고 기도해야 한다. 그렇게 기도할 때 하나님은 왕상 18장 44절에서 말씀하고 있는 것처럼 '작은 구름'을 먼저 주신다. 그리고 이어서 큰 비를 주신다. 은혜의 큰 단비를 하나님께서 주신다.

역사적으로 하나님께 쓰임 받은 사람들 중에 기도의 용사가 아닌 사람이 없었다. 기도하지 않으면서 하나님께 인정받으며 산 사람들이 없었다. 그 기도는 무조건 하는 기도가 아니었다. 그들은 하나님의 말씀을 통하여 하나님의 세미한 음성을 듣고 기도했다.

하나님은 물불을 가리지 않는 분이시다. 우리도 그래야 한다. 하나님의 물 불 축복을 받자는 말이다. 은혜의 물불이다. 성령의 불이요 성령님께서 내려주시는 은혜의 단비다.

엘리야는 우리에게 성령의 불과 물을 받는 귀한 본을 보여주고 있다.

성도가 이 땅에서 살아갈 때 성령님께서 내려주시는 은혜의 불과 물을 받기 위해서는 단 하나의 필수 조건이 있다. 그것은 진정 '여호와가 하나님이심을 아느냐'다. 그것을 알지 못하면 모든 것이 헛수고다.

하나님이 뭐하시는 분인가? 모든 것을 다 하신다. 우리를 창조하셨고 우리를 구원하셨고 이 세상에서 살아가게 하시고 영원한 천국까지 예비하셔서 우리에게 그곳에서 영생 복락하게 하시는 분이 하나님이시다.

이런 하나님이 여호와라는 말씀이다. 삼위일체 하나님만이 이런 역할을 하신다. 그러므로 우리는 '여호와가 하나님이심'을 굳게 믿어야 한다.

이것을 믿는지 믿지 않는지를 어떻게 알 수 있는가? 엘리야가 보여주고 있다.

이것을 바르게 믿는 사람은 여호와가 하나님이심을 삶 속에서 경험한다. 그릿 시냇가에서도 경험하고 시돈의 사르밧 과부 집에서도 경험한다. 아무것도 없는 곳에서도 전혀 주눅 들지 않고 살아간다. 왜냐하면 모든 것 되시는 하나님이 계시기 때문이다.

여호와가 하나님이심을 믿는 사람은 기도의 사람이 된다. 엘리야의 기도를 보라. 대충 하는 기도가 아니다. 시간 날 때 하는 기도가 아니다. 피곤하다고 쉬는 기도가 아니다. 엘리야는 하나님 앞에 엎드린다. 그리고 머리를 다리 사이에 넣고 기도의 전쟁을 시작한다. 한두 번 기도하는 것이 아니라 일곱 번 한다. 즉 응답 받을 때까지 기도한다. 하나님을 불신하면 결코 기도의 자리에 나오지 못한다. 멈추지 않는 기도를 하지 못한다.

하나님 말씀의 약속과 응답 사이에는 간격이 있다고 했다.

그 간격을 무엇으로 메운다 했는가? 바로 기도다. 기도가 하나님의 약속과 성취 사이를 메우는 유일한 수단이다. 엘리야는 이것을 알기에 제대로 된 기도를 하고 있는 것이다.

우리는 어떤가? 이런 기도의 사람인가? 그러면 여호와가 하나님이심을 믿는 사람이다.

기도와 담 쌓고 살아가고 있는가? 그것은 하나님을 불신하는 성도라는 증거다.

여기 은혜의 불과 물을 하나님이 준비해 놓으셨다. 우리의 선택에 따라 내리기도 하고 내리지 않기도 한다. 우리는 어디에 설 것인가?

토의 문제

1. 하늘에서 불이 내렸고 이제는 물이 내린다. 하나님의 놀라운 역사다. 그런데 여기에 인간의 동역이 있다. 하나님의 자녀들이 하나님의 영광을 나누는 최고의 방법이 하나님의 일에 동역하는 것이다. 나는 하나님의 어떤 일에 동역자로 서 있는지 나눠 보라.
고린도전서 15장 58절, '그러므로 내 사랑하는 형제들아 견실하며 흔들리지 말고 항상 주의 일에 더욱 힘쓰는 자들이 되라 이는 너희 수고가 주 안에서 헛되지 않은 줄 앎이라'

2. 하나님의 일에 동역하는 것은 생명 그 자체다. 앞으로 어떤 하나님의 일에 동역할 것인지를 나눠 보라.

3. 열왕기상 18장 41절, '엘리야가 아합에게 이르되 올라가서 먹고 마시소서 큰 비 소리가 있나이다.' 엘리야는 큰 비 소리를 들었다. 다른 사람들은 듣지 못했다. 이 소리는 '세미한 소리'였다. 나는 성령님이 주시는 이 세미한 소리를 어떻게 듣고 있는지를 나눠 보라.

4. 엘리야의 기도가 열왕기상 18장 42-43절에 나온다.
'42 아합이 먹고 마시러 올라가니라 엘리야가 갈멜 산 꼭대기로 올라가서 땅에 꿇어 엎드려 그의 얼굴을 무릎 사이에 넣고 43 그의 사환에게 이르되 올라가 바다쪽을 바라보라 그가 올라가 바라보고 말하되 아무것도 없나이다 이르되 일곱 번까지 다시 가라'

1) 얼굴을 무릎 사이에 넣고 일곱 번 기도하는 것을 볼 수 있다. 기도의 자세, 기도하는 마음이 어떤지를 알 수 있다. 어떤 자세로 하나님 앞에 기도를 하고 있는지 나눠보라.

2) 43절에 나오는 사환의 말, '아무것도 없나이다.'가 중요하다. 엘리야는 이 말을 전혀 개의치 않고 기도한다. 그 이유를 나눠보고, 개인의 삶에 어떻게 적용할지도 나눠보라.

기도

1. 토의 내용을 통하여 하나님께 찬양하고 감사하며 고백하고 회개하라.

2. 토의 내용을 통하여 주신 기도제목을 가지고 간구하라.

여호와께서 모세에게 말씀하여 이르시되 은 나팔 둘을 만들되 두들겨
만들어서 그것으로 회중을 소집하며 진영을 출발하게 할 것이라

(민 10:1-2)

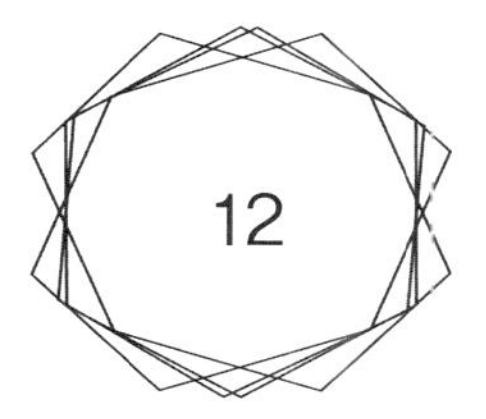

한 눈 팔지 말라

(왕상 19:1-4)

유능한 사람이 실수할 때 어떤 생각이 드는가? 안타까운 생각이 들 것이다. 아니면 반대로 그것에 대하여 고소하다는 생각을 하며 비난할 수도 있다. 유능한 사람, 실력 있는 사람이 실수할 때 사람들은 그렇게 할 수 있다. 왜냐하면 그 사람보다 유능하지 못한 자신과 비교하면서 이상한 안도감을 가지기 때문이다. '저렇게 유능하고 실력 있는 사람도 실수하는데 뭘' 하면서 상대적인 안정감을 느낄 수 있다는 말이다.

신앙의 영역에서도 마찬가지인 것 같다. 믿음이 좋다고 생각했던 사람이 뭘 좀 못하고 흠 잡힐 만 한 일을 하면 안타깝게 여기면서도 은근히 기분이 괜찮다. 인간이 죄인이라는 사실이 그대로 드러난다. 왜 이런 감정이 생길까? 자기도 모르게 자신과 비교하면서 그것을 즐기기 때문이다. 오늘 성경 본문에 너무나 안타까운 이야기가 나오고 있다. 열왕기상 17장부터 등장하는 엘리야는 우리의 영웅이었다.

지금까지 엘리야는 흠 잡을 데 없는 믿음을 우리에게 보여줬다. 혹시 엘리야에게 신앙적인 결점을 발견한 것이 있었나? 없었다. 엘리야는 우리의 영웅이었다. 믿음의 영웅이었다. 믿음생활을 어떻게 하는 것인가를 정확하게 보여줬다.

군 훈련소에서 멋있고 또 부러운 대상이 있었다. 바로 '훈련 조교들'이다. 제식훈련이나 인사 동작 그리고 여러 가지 훈련 동작에 대하여 멋지게 시범을 보이고 가르치는 조교들이 멋져 보였다. 거의 기계처럼 동작을 했다. 훈련병들은 그 시범을 보고 그대로 따라 했다. 잘 못하면 꾸중도 들었고 계속해서 제대로 못하면 많은 어려움을 겪었다.

엘리야는 믿음생활의 훌륭한 조교와도 같았다. 믿음생활은 '이렇게 하는 거야'라는 시범을 계속 보여줬다. 위기가 있을 때마다 하나님을 의지함으로 믿음의 승리를 거두는 모습에 우리는 열광했다. 그러면서 우리는 어떻게 하면 엘리야 같은 신앙인이 될 것인가를 놓고 기도했고 또 고민도 했다.

실제로 엘리야는 주도면밀한 믿음의 사람이었다. 특히 하나님의 말씀을 듣고 순종하는데 있어서 타의 추종을 불허하는 믿음의 영웅이었다. 그런데 우리 믿음의 영웅이 무너지고 있다. '원숭이도 나무에서 떨어질 때가 있다'고 했는데 이 믿음의 영웅인 엘리야가 나무에서 떨어지고 있다. 보여서는 안 될 모습을 믿음의 후배들에게 보이고 있다.

앞에서 말한 대로 믿음의 영웅인 엘리야가 신앙적으로 넘어지는 모습을 보면서 묘한 느낌이 든다. 하나는 너무 안 됐다는 마음이다. 믿음의 영웅 엘리야가 무너지는 모습은 마치 나이 어린 아들 앞에서 해서는 안 될 큰 실수를 하여 넘어지는 아버지 같다는 생각이 든다. 아버지가 전부인줄 아는 아들이 얼마나 실망했을지 굳이 설명할 필요가 없다. 아버지의 넘어지는 모습을 보고 나이 어린 아들은 큰 충격을 받았을 수도 있다.

그런가 하면 왠지 원인 모를 쾌감 같은 것도 있다. 위대한 믿음의 영웅이 신앙적으로 넘어지는데 웬 쾌감인지 모르겠다. 이 쾌감은 어디서 오는 것일까? 아마도 비교의식에서 올 것이다. 지금까지 멋진 신앙의 사람으로 나타났으나, 그 역시 한 인간이었다. 그러나 우리와는 너무나 다른 인간, 특히 믿음에 있어서 비교조차 할 수 없다고 여겨지는 사람이었다. 그런 믿음의 영웅이 실수해서 넘어지는 모습 속에서 엘리야만 못한 우리들이 느끼는 쾌감, 아마도 이것은 일종의 보상심리에서 나오는 감정일 것이다.

어, 이게 뭐지?(왕상 19:1-2)

즉 위대한 믿음의 영웅 엘리야도 넘어지는데 나 같은 사람이 넘어지는 것은 하나님 앞에 덜 미안하다는 생각이 근저에 깔려있다. 사실 그런 면도 있을 수 있다. 그러나 이 위대한 메시지가 거기서 끝나면 안 된다. 하나님은 이 말씀을 통하여 당신의 백성들이 소중한 의미를 배우기를 원하신다. 하나님이 이 말씀을 주시는 이유는 인간의 한계를 늘 기억하도록 하기 위함이다. 엘리야 같은 믿음의 영웅도 넘어질 수 있다면, 우리들이야 더 말할 필요가 없다는 사실을 기억하기 원하신다.

믿음생활을 잘하지 못하는 분들의 사고 속에 기가 막힌 생각들이 있음을 접할 때마다 어이가 없어진다. 자신들의 믿음에 별 문제가 없다는 생각을 하고 있다. 그런 분들에게 한 가지 비밀을 알려드리고 싶다. 사탄이 전혀 신경 쓰지 않는 존재라고 말이다. 사탄의 머릿속에는 신앙생활을 소홀히 하는 사람들이 존재하지 않는다. 사탄을 괴롭히는 사람들은 실수하고 넘어짐에도 불구하고 하나님 앞에 믿음으로 살려는 사람들이다. 이런 신자들이 되어야 한다.

그렇다면 본문말씀 속에서 엘리야가 언제 넘어졌으며 왜 넘어졌는가를 살펴보자. 또 넘어졌을 때 하나님이 어떻게 반응하시는지도 알아야 한다. 그래야 우리가 넘어지지 않을 수 있고 또 넘어졌을 때 반응하는 법도 배울 수 있다. 믿음의 영웅도 넘어질 수 있다면 우리는 더 조심하고 대비해야 하지 않겠는가?

본문은 열왕기상 19장 1절부터 시작되고 있다. 왕상18장에서 엘리야의 활약상은 황홀 그 자체였다. 엘리야는 위대한 전쟁에서 큰 승리를 거뒀다. 거짓 종교와 그 신봉자들과 싸워서 승리했다. 엘리야는 그들 모두를 처치하고 큰 승리의 기쁨을 누렸다. 당연하다. 그 이야기를 듣는 우리들도 흥분이 되니 당사자야 어떠했겠는가?

열왕기상 18장 끝부분에 놀라운 이야기가 나온다. 큰 비가 내려서 아합 왕이 수레를 타고 왕궁으로 달리기 시작했다. 그런데 그 옆에서 엘리야가 함께 달렸는데 왕이 탔던 수레보다 더 빨리 달렸다고 말씀하고 있다. 하지만 열왕기상 19장 1절 이하에서 이상한 분위기가 감지된다. 1절을 보자. **'아합이 엘리야가 행한 모든 일과 그가 어떻게 모든 선지자를 칼로 죽였는지를 이세벨에게 말하니'** 자기 왕궁으로 돌아온 아합은 왕비 이세벨에게 갈멜산 위에서 있었던 모든 이야기를 해주고 있다. 불이 하늘에서 어떻게 내렸는지, 바알 선지자들이 엘리야에게 어떻게 패배하여 죽게 되었는지 그리고 하늘에서 불에 이어 큰 비가 어떻게 내렸는지를 소상하게 말했다.

그렇다면 부인에게 이런 설명을 하는 아합 왕의 마음은 어떠했을까? 아합 왕이 갈멜산 위에서 얻은 최고의 소득은 무엇이었나? 왕상

18장 37절의 말씀 즉 '주 여호와는 하나님이신 것'을 알게 된 것이다. 그러므로 아합은 부인인 이세벨에게 말했을 것이다. 이런 상태로 상황이 지속 된다면 즉 왕비 이세벨이 계속 바알 우상을 섬기면 백성들에 의하여 왕비도 죽을 가능성이 있음을 말했을 것이다. 이제는 그 힘없는 바알 우상을 그만 섬기고 엘리야가 섬기고 또 이스라엘이 섬겨왔던 여호와 하나님을 믿어야 한다고 말했을 가능성이 크다. 아마 누구든지 그렇게 말했을 것이다.

그러나 이 말을 들은 이세벨은 아합 왕의 기대를 단번에 깨뜨렸다. 열왕기상 19장 2절이다.

'이세벨이 사신을 엘리야에게 보내어 이르되 내가 내일 이맘때에는 반드시 네 생명을 저 사람들 중 한 사람의 생명과 같게 하리라 그렇게 하지 아니하면 신들이 내게 벌 위에 벌을 내림이 마땅하니라 한지라'

이세벨이 어떻게 행동하고 있는가? 사신을 엘리야에게 보내고 있다. 내일 이맘때에 바알 선지자들이 죽임을 당한 것처럼 자신이 엘리야를 죽이겠다는 전갈을 보낸 것이다. 이세벨은 남편 아합이 제안한 것을 거절했다. 무작정 거절한 것이 아니라 조리 있게 논리적으로 거절했다.

아마도 이세벨은 이렇게 말했을 것이다.

"주 여호와는 진정한 하나님이 아니다. 바알이 진정한 하나님이다. 내가 그 증거를 보이겠다. 어떻게 보이느냐면 바알 선지자들을 죽인 엘리야를 죽임으로써 증명 하겠다."

왕비 이세벨의 증명방법이 어떤가? 너무나 기가 막힌 제안이다. 사실 논리적으로는 그럴듯하게 들린다. 바알 선지자 450명을 죽인 엘리야를 이세벨이 죽일 수만 있다면 결판나는 것 아닌가? 최후 승자는 엘리야가 아니라 이세벨이 되는 것이기에 왕비 이세벨이 그렇게 말한 것이다. 이세벨의 이 제안에 대하여 남편인 아합 왕은 뭐라고 말하는가? 본문에 보면 아합의 말이 나오지 않는다. 아합이 침묵하는 것이고 그 사이 이세벨은 엘리야에게 사환을 보냈다.

이 아합 왕이 누구인가? 갈멜산에서 불이 떨어지고 비가 오는 것을 모두 본 사람이다. 백성들이 "여호와 그는 하나님이시로다, 여호와 그는 하나님이시로다"라고 외칠 때 전적으로 동의했던 사람이다. 그런데 왜 바알의 심부름꾼인 이세벨에게 꼼짝 못하고 있는가? 이세벨의 논리가 나름 타당하기 때문이다. 아합은 이세벨의 논리적 제안이 맞다 생각한 것이다.

그렇다면 이 논리가 정말 타당한 것인가?

바알 선지자 450명을 죽인 엘리야를 죽이면 '여호와가 하나님'이신 것이 뒤집어져서 '바알이 하나님'이 되는가? 천만의 말씀이다. 그런 것과는 상관없이 이 세상에 하나님은 오직 여호와이시다. 삼위일체 하나님만이 유일한 하나님이시다.

수많은 사람들이 말도 안 되는 논리에 굴복하여 하나님 아닌 것을 하나님으로 섬긴다. 세상 사람들은 자신의 논리로 참 하나님이 되는 조건을 만든다. 아니 교회에 좀 다닌다고 하는 사람들도 이 함정에 빠져 있는 사람들이 적지 않다.

쉽게 말하면 내 마음에 들어야 하나님이고 내 마음에 들지 않으면 하나님이 아니라고 주장한다. 천만의 말씀이다. 하나님은 내 마음에 들어도 하나님이시고 내 마음에 들지 않아도 하나님이시다. 다시 말하면 이세벨이 엘리야를 죽여도 여호와는 하나님이시고 죽이지 못해도 여호와는 하나님이시다. 이세벨의 주장과 논리에 아합이 동의하면 안되는 것이다. 그러나 줏대 없는 아합 왕은 이세벨의 이런 논리에 굴복하고 말았다.

지금도 이런 논리에 굴복하는 사람들이 얼마나 많은가?
여호와 하나님은 우리가 내거는 어떤 조건에 충족했을 때에만 하나님이 되시는 분이 아니다. 우리가 제시하는 조건에 충족되지 않는다 해도 예수님은 여전히 하나님이시다. 즉 내 사업이 잘 되어도 예수님은 하나님이시고 내 사업이 잘 안 되어도 예수님은 하나님이시다. 내 건강이 좋아도 여호와는 하나님이시고 내 건강이 좀 안 좋아도 여호와는 하나님이시다.

한 눈 팔지 말라(왕상 19:3-4)

드디어 왕비 이세벨이 보낸 사람이 엘리야에게 와서 그 소식을 전했다. 내일 이맘때에 바알 선지자들이 죽은 것과 똑같이 엘리야를 죽이겠다는 소식이었다. 그런데 이세벨 왕비의 말을 들은 엘리야는 갑자기 이상한 행동을 했다. 예전과 같지 않은 행동이었다.
왕상 19장 3절이다. **'그가 이 형편을 보고 일어나 자기의 생명을 위해 도망하여 유다에 속한 브엘세바에 이르러 자기의 사환을 그 곳에 머물게 하고'**
엘리야는 도망쳤다. 이 말 한마디가 우리의 마음을 아프게 한다. 지금까지 엘리야는 도망치는 사람이 아니었다. 열왕기상 17장부터 18장까지의 엘리야는 이런 비겁자가 아니었다. 그런데 19장에 들어오면서 비겁자로 변해버렸다.

이유가 무엇인가? 열왕기상 19절 3절에 답이 정확하게 나온다.
일단 엘리야가 뭔가를 보았다고 기록하고 있다. 무엇을 보았다는 말인가? '이 형편'이다.

여기 등장하는 **'보았다'**는 말이 아주 중요하다.

또 하나, 엘리야가 보기만 한 것이 아니다. 지금의 상황을 이세벨이 보낸 사람에게 **'들은 것'**이 먼저다. 그러니까 그 말을 듣고 그 상황을 본 것이다.

엘리야는 그 말을 듣고는 전체 상황을 살펴보기 시작한 것이다. 그리고는 도망쳤다.

본문에 나오는 형편을 보았다는 말은 여러 가지 상황을 종합적으로 살펴보았다는 말이다.

먼저 아합 왕의 상황도 살펴봤을 것이다. 사람을 보내서 알아 봤을 수도 있고 다른 방법으로 살펴봤을 수도 있다. 그런데 이미 아합 왕은 엘리야의 편이 아니라 중립인척 하면서도 왕비 이세벨의 논리에 항복한 상태였다. 이세벨이 엘리야를 죽인다면 하나님을 여호와에게서 바알로 바꿀 수 있다고 생각하고 있는 형편없는 위인이 바로 아합이었다.

또 백성들의 분위기도 살펴보았다. 백성들의 마음도 역시 흔들리고 있었다. 왜냐하면 갈멜산에서 엘리야가 자신들을 설득시켰던 것 같이 이세벨도 자신들을 설득시켰기 때문이다. 갈멜산에서 엘리야가 어떻게 백성들을 설득했었나? **'하늘에서 불이 내리게 하는 그 신이 진정한 하나님이다'**라고 제안 했을 때 백성들이 동의했었다. 바알 선지자들은 불을 내리는데 실패했고 엘리야는 성공했다. 그래서 바알 선지자들은 다 죽었다. 그런데 왕궁으로 돌아왔더니 바알 선지자들의 대표라고 할 수 있는 왕비 이세벨이 엘리야가 갈멜산에서 말했던 것처럼 왕과 백성들에게 말했던 것이다.

이세벨은 백성들에게도 이렇게 말한 것이다. **'아직 게임이 끝나지**

않았다. 바알 선지자 450명을 죽인 엘리야를 내가 없앤다면 하나님을 여호와에게서 바알로 다시 바꿔야 하지 않겠느냐'고 말이다. 백성들의 입장에서 볼 때 왕비 이세벨의 이 말은 밑져봤자 본전이었다. 별로 틀린 말 같지도 않았다. 이런 이유로 엘리야가 백성들의 분위기를 살펴보았을 때 엘리야 편을 들어 줄 사람이 별로 없는 것 같았다.

본문에서 **"형편을 보았다"**는 말은 바로 이렇게 왕과 백성들과 환경, 분위기를 살펴봤다는 말이다. 이제 엘리야는 결론을 내리고 있다. 더 이상 여기 있어봤자 살아날 소망이 없다고 확신을 하게 되었다. 엘리야는 자신이 체포되는 모습을 상상했을 것이다. 이세벨에 의하여 끔찍하게 처형당하며 피 흘리는 자신의 모습을 머릿속에 그려봤을 것이다. 더 이상 머뭇거릴 여유가 없었다. 자칫하면 잡혀서 죽을 것 같았다. 그래서 어떻게 했는가? 자기 주특기가 또 나왔다. 아마 엘리야는 단거리 장거리 달리기에 아주 능했던 것 같다. 그 실력을 도망치는데 사용했다. 엘리야가 활동하고 있던 지역이 어디인가? 갈멜산이다. 다시 말해서 갈멜산은 북쪽 이스라엘에 속해 있다. 이스라엘의 영토 중에서도 갈멜산은 북쪽 끝 부분에 있다. 그러면 도망친 장소는 어디인가? 이스라엘 국토 맨 남쪽 끝에 있는 브엘세바다. 통상적으로 이스라엘의 영토를 말할 때는 '단부터 브엘세바'라는 말을 사용한다. 마치 우리가 백두에서 한라까지로 표현하는 것과 마찬가지다. 그러니까 백두산에 있던 엘리야가 한라산까지 도망친 것과 같다. 사실 목숨을 건지기 위해서는 그렇게 멀리 도망칠 필요가 없었다. 어디까지만 넘어오면 되는가? 삼팔선만 넘어오면 된다. 즉 북 이스라엘 영토만 벗어나서 남쪽 유다의 경계로 넘어오기만 하면 죽지 않는다. 하지만 엘리야는 너무 겁이 났다. 그래서 나라의 국경을 넘어서 멀리멀리 제주도 한라산까지, 브엘세바까지 도망친 것이다.

참으로 안타까운 사건이다. 믿음의 영웅이 이렇게 속절없이 무너지고 있는 모습이 안타깝다. 우리는 이 사건에서 너무나 중요한 교훈을 배울 수 있다. 즉 믿음의 영웅인 엘리야까지도 어떻게 이처럼 처절하게 넘어질 수 있는지 반드시 배워야 한다.

사실 엘리야는 특별한 사람이 아니라는 것을 성경에서 분명히 말씀한다. 엘리야는 우리와 성정이 같은 사람이라고 야고보도 말했다. 그의 믿음이 견고했음에도 불구하고 언제나 넘어질 수 있는 사람이었다.

그렇다면 구체적으로 넘어진 결정적인 원인이 무엇이었나? 그 원인은 오늘 3절 말씀에 분명히 기록되어 있다. 3절을 다시 보자.

'그가 이 형편을 보고 일어나 자기의 생명을 위해 도망하여 유다에 속한 브엘세바에 이르러 자기의 사환을 그 곳에 머물게 하고'

그 원인을 알 수 있는 단어가 두 개다. **첫째는 '보다'라는 말이고 둘째는 '자기 생명을 위해'다.** 엘리야는 형편을 보았다. 형편을 보는 것이 잘못인가? 아니다. 우리는 형편을 보아야 한다. 아주 잘 보아야 한다. 그래야 분석도 하고 예측도 하고 지혜롭게 행동할 수 있다. 그렇다면 엘리야가 형편을 본 것이 어떤 문제가 있는가?

그 문제를 간단히 알 수 있다.

지금까지의 엘리야의 두 눈은 정상이었다. 지금까지 엘리야의 두 눈은 언제나 제 역할을 다 했다. 한 눈은 언제나 하나님께 고정되어 있었고 또 한 눈은 세상을 예리하게 관찰하고 있었다. 하지만 본문 속 상황에서 엘리야의 두 눈은 균형을 잃고 있다. 두 눈 모두 '형편'에 고정되어 있다. 이것을 어떻게 알 수 있는가? 뒤에 나오는 단어인 '자기 생명을 위해'라는 말 그리고 '도망'이라는 말을 보면 알 수 있다.

넘어진 결정적 이유가 이것이었다. 엘리야는 환경의 형편을 보면서 하나님께 향하던 시선을 뗀 것이다. 설교 제목대로 한 쪽 눈을 누군가에게 팔아넘긴 것이다(물론 '한 눈을 팔다'라는 사전적 의미와는 좀 다르다). 지금까지 엘리야의 시선은 균형을 잃지 않았다. 하나님을 떠난 적이 없었다. 무엇을 보면 알 수 있는가? 엘리야는 지금까지 도망친 적이 없다. 대신 믿음의 승승장구를 했다. 엘리야가 시선을 하나님께 고정하고 언제나 하나님을 바라보는 삶을 살았을 때, 그는 하늘에서 불도 내리게 만들었고 물도 내리게 했다. 엘리야의 시선이 하나님께 고정되었을 때에는 자신의 생명에 대하여 초연했다. 아합 왕에게 직접 두 번이나 나아갔지 않은가? 아무것도 없는 그릿 시냇가, 사르밧에도 가지 않았나?

이사야 40장 31절이다. **'오직 여호와를 앙망하는 자는 새 힘을 얻으리니 독수리가 날개 치며 올라감 같을 것이요 달음박질하여도 곤비하지 아니하겠고 걸어가도 피곤하지 아니하리로다.'**

지금까지 엘리야는 여호와만을 앙망하는 사람, 하나님을 바라볼 줄 아는 사람이었다. 그러나 본문에서 시선관리에 실패하고 있다. 환경만 보고 하나님은 보지 않고 있다.

그 결과가 왕상 19장 4절이다. **'자기 자신은 광야로 들어가 하룻길쯤 가서 한 로뎀 나무 아래에 앉아서 자기가 죽기를 원하여 이르되 여호와여 넉넉하오니 지금 내 생명을 거두시옵소서 나는 내 조상들보다 낫지 못하니이다 하고'**

자기 사환은 어디에 있는가? 계속 데리고 다니고 있다. 믿음이 있는 사환이었다면 참 좋았겠다는 생각이 든다. "주인님, 갈멜산 사건을 잊으셨나요?"라고 코치라도 좀 해 줬더라면!

남 얘기가 아니다(왕상 19:1-4)

이것은 남 얘기가 아니다. 성경에 나오는 믿음의 사람들 이야기이고 바로 우리 이야기이기도 하다. 성경에 나오는 믿음의 사람들이 언제나 믿음으로 산 것은 아니다. 그들도 대부분 넘어졌다. 마태복음 14장에는 중요한 이야기들이 기록되어 있다. 세례 요한이 순교 당하는 이야기, 그 유명한 오병이어 이야기 그리고 베드로가 물 위를 걷는 이야기 등이다.

마태복음 14장 28절로 32절이다. '**28 베드로가 대답하여 이르되 주여 만일 주님이시거든 나를 명하사 물 위로 오라 하소서 하니 29 오라 하시니 베드로가 배에서 내려 물 위로 걸어서 예수께로 가되 30 바람을 보고 무서워 빠져 가는지라 소리 질러 이르되 주여 나를 구원하소서 하니 31 예수께서 즉시 손을 내밀어 그를 붙잡으시며 이르시되 믿음이 작은 자여 왜 의심하였느냐 하시고 32 배에 함께 오르매 바람이 그치는지라**'

베드로는 이 경험을 평생 잊지 못했을 것이다. 바닷물 위를 걸어 본 유일한 사람이다. 그러나 얼마 걷지 못했다. 왜냐하면 30절에, '바람을 보고'라는 말 때문이다. 이 말은 시선이 예수님에게서 떨어졌음을 표현하는 말이다. 시선이 예수님께 고정 되었을 때는 물속으로 빠져 들어 가지 않았다. 그러나 시선이 예수님에게서 바람으로 옮겨졌을 때 물에 빠졌다.

항상 무엇이 문제인가? 시선이다. 누구를 바라보아야 하는가? 하나님이시다. 예수님이시다.

본문 3절 말씀에, 엘리야가 생명의 위협을 느껴 도망친 이유는 시선이다. 엘리야가 하나님께로부터 시선을 떼지 않았을 때에는 두려워하지 않았다. '죽으면 죽으리라'는 담대한 신앙을 유지하고 있었다. 그러나 시선을 하나님에게서 떼자 엘리야는 두려움의 먹이가 되었다.

사사기 16장에 나오는 머리카락 잘린 삼손도 이 경우에 해당한다. 그에게 머리카락은 하나님께 시선을 두는 역할을 했었다. 머리카락이 온전할 때 그는 천하무적이었다. 그러나 그것이 잘리자 평범한 사람이 되고 말았다.

엘리야가 당했던 이런 상황은 모든 성도들의 삶 속에서 아주 흔히 일어날 가능성이 있고 또 실제로 많이 일어나고 있다.

우리는 이 진리의 교훈을 굳게 붙잡아야 한다. 하나님의 백성들이 이 땅에서 살아갈 때 명심 또 명심해야 할 진리는 우리의 시선은 항상 하나님께 견고히 고정시켜야 한다는 사실이다. 다른 환경을 볼 때도 하나님께 시선을 고정시킨 상황에서 보아야 한다. 한 눈은 하나님을, 한 눈은 환경을 보는 믿음이 있어야 한다. 사실 엘리야는 이 부분의 전문가였다. 평소에 이것을 너무나 잘하던 사람이었으나 넘어지고 있다.

우리도 예외가 아님을 겸손히 인정해야 한다. 아침에는 시선이 하나님께 집중되어 있다가도 저녁에는 엉뚱한 곳을 바라볼 때가 있지 않은가? 지난주까지는 시선이 하나님께 고정되어 있었지만, 이번 주에 보니 우리의 시선이 하나님을 떠나서 이상한 곳을 바라보고 있지는 않은가? 아니 작년까지는 언제나 하나님께 시선을 고정시키고 다른 것들을 바라보았는데 올해부터 눈이 균형을 잃지는 않았는가?

하나님을 바라보지 않으면서 먹고 사는 문제만을 뚫어지게 바라보다가 망하는 사람이 많다. 먼저 먹고 살게 해주시는 하나님을 봐야 한다. 그 다음에 먹고 사는 문제를 바라보는 지혜가 있어야 한다. 그래야 먹고 사는 문제가 제대로 해결된다. 상처 받은 말, 가시 돋친 말만을 뚫어지게 바라보다가 망하는 사람이 한 둘이 아니다. 자기를 섭섭하게 만든 사람들에게 복수할 생각만 하다가 망하는 사람들도 많다. 직장에서 자신을 이유 없이 괴롭히는 상사가 있다고 해도 마찬가지다. 또 자신이 받는 스트레스만을 뚫어지게 바라보다가 망하는 사람도 많다.

스트레스 보다 크신 하나님을 먼저 바라봐야 한다. 그러면 그 스트레스를 이긴다. 자신이 걸린 질병만을 바라보다가 망하는 사람들도 많다. 질병보다 크시고 질병을 고치시는 능력의 하나님을 먼저 바라봐야 한다. 그리고 그 다음에 질병을 봐야 한다. 그 때 우리는 질병을 이기는 능력을 경험한다.

히브리서 3장 1절에 보면 **'그러므로 함께 하늘의 부르심을 받은 거룩한 형제들아 우리가 믿는 도리의 사도이시며 대제사장이신 예수를 깊이 생각하라'**고 했고 히브리서 12장 2절에 보면 **'믿음의 주요 또 온전하게 하시는 이인 예수를 바라보자'**고 말씀하신다.

예수님을 생각하고 예수님을 바라보는 것은 시선을 하나님께 고정시키는 결정적인 행위다.

이것이 항상 유지되고 있다면 우리의 인생은 걱정이 없다. 이것을 할 줄 모르거나 순서를 바꾸거나 환경만 바라본다면 본문의 엘리야처럼 넘어질 수밖에 없다.

마가복음 4장에 보면, 예수님께서 제자들과 함께 배를 타고 바다를 건너는 장면이 나온다. 예수님은 배에서 깊은 잠에 빠지셨고 때마침 일어난 광풍에 배가 뒤집히려고 했다. 제자들은 두려워하면서 주무시고 있던 예수님을 깨웠다. 예수님은 일어나셔서 바다에게 명령하셔서 잔잔하게 하셨다. 그리고는 제자들의 믿음이 없음을 꾸짖으셨다. 제자들이 무슨 잘못을 한 것인가? 시선 관리에 실패한 것이다. 예수님께 굳게 고정되어 있었다면 굳이 예수님을 깨우지 않았을 것이다. 그들의 시선은 예수님 대신에 바람과 파도를 바라본 것이다.

우리는 여기서 엘리야의 시선이 왜 하나님께 고정되어 있지 못하고 이세벨의 위협 쪽으로 돌아갔는지를 깊이 생각할 필요가 있다. 왜 엘리야가 평소에 그렇게 철저하게 붙잡고 있던 우선순위를 놓치게 되었을까? 왜 그 시선이 하나님께로부터 떨어졌을까?

그것은 너무 큰 승리에 들떠 있었기 때문이다. 그렇게 흥분된 상황에서 들이닥친 사탄의 기습을 예상하지 못했기 때문이다. 사람이 좋은 일을 만나면 흥분하게 되어 있다. 만약 엘리야에게 갈멜산에서의 엄청난 하나님의 역사가 없었다면 그렇게 들뜨지 않았을 것이다. 엘리야는 너무나 즐겁고 신이 났다. 감격 그 자체였다. 발이 땅에 닿지 않는 것처럼 둥실둥실 떠가는 그런 기분이었다. 이제 이스라엘의 위기는 다 지나갔다고 생각했다. 엘리야가 그렇게 방심했을 때 왕비 이세벨이 기습을 했다.

사람이 어떤 상황이든지 예상을 하고 있으면 당하지 않는다. 엘리야는 하나님의 말씀을 순종하는 일에 목숨을 아끼지 않는 사람이었다. 하나님의 명령이라면 목숨을 걸고 일하는 사람이 엘리야였다. 하지만 엘리야는 너무 기분이 좋은 나머지 시선을 하나님에게서 돌려 하나님이 이루신 승리와 기적에 고정시켰던 것이다. 이런 상태에서 예기치 못했던 왕비 이세벨의 기습에 혼비백산하고 만 것이다. 엘리야는 영적인 중심을 잃고 넘어지고 말았다.

성공한 후에 조심하라는 말은 세상에만 있는 말이 아니다. 영적인 전쟁에서도 그대로 적용된다. 성도들의 시선을 하나님께 고정시키지 못하게 만드는 위험한 상황의 핵심이 이것이다. 즉 하나님보다 하나님이 이루신 역사와 축복에 눈을 돌리는 행위다.

사업이 어려울 때는 대부분 시선이 하나님께 고정되어 있다. 그런데 사업이 잘 될 때 그 시선이 축복으로 옮겨갈 수 있다. 이때 사탄이 기습하면 꼼짝 못하고 당한다. 사회적으로 큰 명성을 얻었을 때도 마찬가지다.

이런 이유로 우리는 항상 깨어 있어야 한다. 성도는 영적전쟁을 하는 사람들이다. 사탄은 지금 우는 사자처럼 삼킬 자를 찾아다니며 기회를 노리고 있다. 깨어 있지 않으면 당하는 줄도 모르게 당한다. 어떤 사람들은 사탄에게 먹혀서 사탄의 뱃속에서 소화가 되고 있는데도 천하태평이다. 사탄의 관심은 시선관리를 바르게 하는 사람들에게 있다. 한 눈은 하나님께 고정이 되어 있고 또 한 눈은 환경이나 형편에 고정되어 있는 사람들이다. 아니 하나님의 관심도 이런 사람들에게 있다. 사탄은 두 눈이 형편이나 환경에 고정되어 있는 사람들을 두려워하지 않는다. 관심도 없다. 왜냐하면 이미 자신의 뱃속에서 소화되고 있기 때문이다.

그러므로 우리는 우리의 두 눈이 어디를 보고 있는지 늘 점검해야 한다. 한 눈은 반드시 하나님께 고정되어 있어야 한다. 또 한 눈은 세상을 잘 관찰해야 한다. 균형 감각을 유지해야 한다. 한 눈 팔지 말아야 한다. 한 눈을 누군가에게 팔아먹지 말아야 한다. 우리의 시선이 균형을 잃지 않으면 우리의 삶에서 엘리야의 능력이 드러난다. 하나님의 능력이다. 그러나 우리의 시선이 균형을 잃어버리면 엘리야가 당했던 수모를 피할 수 없다.

하나님께서 우리에게 두 눈을 주신 이유가 무엇인가?

간단하다. 한 눈은 하나님께, 또 한 눈은 세상을 보라고 주신 것이다. 날마다 말씀과 기도에 힘쓰는 이유가 무엇인가? 우리 두 눈의 균형을 잡기 위함 아닌가?

이런 능력을 위하여 기도하자.

토의문제

1. 유능한 사람이 실 수 할 때, 어떤 생각이 드는지 나눠 보라.

2. 열왕기상 19장 1-2절에, 이세벨이 엘리야를 죽이려 하는 이유에 대하여 나눠 보라.

'1 아합이 엘리야가 행한 모든 일과 그가 어떻게 모든 선지자를 칼로 죽였는지를 이세벨에게 말하니 2 이세벨이 사신을 엘리야에게 보내어 이르되 내가 내일 이맘때에는 반드시 네 생명을 저 사람들 중 한 사람의 생명과 같게 하리라 그렇게 하지 아니하면 신들이 내게 벌 위에 벌을 내림이 마땅하니라 한지라'

3. 열왕기상 19장 3절, 엘리야가 넘어진 원인이 무엇인지 나눠 보라.

'그가 이 형편을 보고 일어나 자기의 생명을 위해 도망하여 유다에 속한 브엘세바에 이르러 자기의 사환을 그 곳에 머물게 하고'

4. 엘리야가 시선관리에 실패한 원인에 대하여 나눠 보라.

5. 시선관리가 얼마나 중요한지를 알 수 있다. 우리의 두 눈은 균형을 잃지 말아야 한다. 내 두 눈이 정상인지를 나눠 보라. 또 정상을 계속 유지하는 비결은 무엇인지를 나눠 보라.

기도

1. 토의 내용을 통하여 하나님께 찬양하고 감사하며 고백하고 회개하라.

2. 토의 내용을 통하여 주신 기도제목을 가지고 간구하라.

여호와께서 모세에게 말씀하여 이르시되 은 나팔 둘을 만들되 두들겨
만들어서 그것으로 회중을 소집하며 진영을 출발하게 할 것이라

(민 10:1-2)

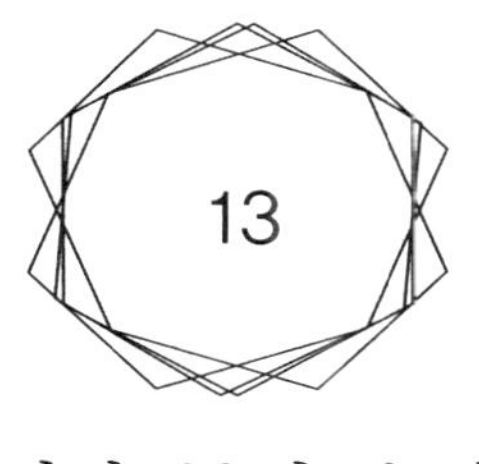

떡과 물의 은혜

(왕상 19:4-7)

열왕기상 19장 1절 이하에서 우리는 안타까운 모습을 보았다. 우리 믿음의 영웅 엘리야가 넘어지는 모습이었다. 하나님께서 이 말씀을 우리에게 주신 이유는 엘리야의 넘어짐을 통하여 교훈을 받으라고 주신 것이다. 엘리야처럼 위대한 믿음의 사람도 넘어질 수 있음을 보여주심으로 오고 오는 세대의 하나님의 백성들에게 명심하라고 주신 것이다. 엘리야는 갈멜산의 승리의 영광에 취한 나머지 잠시 영적 중심을 잃었었다. 구름 탄 기분으로 중심을 잃은 상태에서 그 틈을 예리하게 파고든 사탄의 기습공격에 넘어졌다.

그 틈이 무엇이었나? 그렇게도 견고하게 하나님께 고정되어 있던 엘리야의 시선이 하나님께로부터 떨어진 것이다. 평소에 그렇게도 하나님께 집중되었던 엘리야의 시선이 갈멜산에서 하나님이 이루신 영광스러운 승리로 인하여 엉뚱한데만 바라보게 된 것이다. 그러다보니 영적 중심을 빼앗기게 되었고 비틀거리다가 넘어지고 말았다.

우리는 하나님이 주시는 축복보다도 하나님 그 분을 더 사랑해야 한다. 하나님만이 최고의 존재로 소중히 여김을 받으셔야 한다. 많은 사람들이 이 부분에서 넘어진다. 하나님보다 하나님이 주시는 복을 더 소중하게 생각하다가 넘어진다.

아이들이 맛있는 과자를 가지고 있을 때 엄마 아빠가 하나 달라고 하면 주지 않는 것처럼 우리도 하나님보다 하나님이 주시는 축복을 더 소중히 여길 때가 많다. 그 때 하나님께 고정되어 있던 시선이 떨어진다. 그러면 위기가 찾아온다.

우리와 성정이 같은 엘리야 역시 하나님이 주시는 승리의 영광을 하나님보다 더 크게 생각하는 실수를 저질렀다. 사탄에게 틈을 보인 것이고 사탄은 그 빈틈을 놓치지 않고 기습적으로 공격하여 엘리야를 쓰러뜨렸다. 고린도전서 10장 12절이다.

'그런즉 선줄로 생각하는 자는 넘어질까 조심하라'

너무나 소중한 말씀이다. 항상 하나님만이 최고의 존재임을 잊지 않을 때 성도는 강하다.

사탄에게 빈틈을 보인 엘리야는 사탄의 공격을 받았다. 엘리야는 하나님을 외면한 채 두 눈을 가지고 세상의 형편과 처지만을 집중적으로 보기 시작했다. 그 환경 속에서 이세벨 왕비가 크게 보이기 시작했다. 이것은 하나님으로부터 시선을 떼면 드러나는 증상이다. 하나님이 작아 보이고 상황이나 문제들이 커지는 현상 말이다. 이세벨 왕비가 점점 마음에서 커지자 마음의 평화와 담대함이 사라지기 시작했다. 장차 자신에게 어떤 일이 닥칠지 갑자기 두려운 마음으로 '장편소설'도 쓰기 시작했다. 자신이 어떻게 해야 살아남을 것인지에 대한 '원고'를 계속 써 내려갔다. 그리고는 '싸구려 삼류소설의 결론'을 내렸다.

그것은 이세벨의 손으로부터 멀리 멀리 도망치는 것이었다. 지금 엘리야의 눈에는 보이는 것이 하나 있었다. 바로 자기 생명이었다. 우상을 섬김으로 영원히 멸망으로 달려가는 수많은 이스라엘 백성들은,

엘리야의 안중에 없었다. 하나님께서 주신 고귀한 선지자의 사명도 잃어버렸다. 지금 엘리야에게 가장 소중한 것은 자신의 목숨이었다.

이것은 평소의 엘리야의 모습이 아니었다. 어떤 성도든지 자신의 눈이 하나님께로부터 떠나면, 한 눈을 팔아버리면 이렇게 된다. 그렇게 될 때 하나님보다 다른 것이 크게 보인다. 환경이 크게 보이고 내 생명이 하나님보다 더 크게 보인다. 내 가족이 하나님보다 더 크게 보이고 내 사업장과 내 건강이 하나님보다 크게 보인다.

이렇게 되면 가장 먼저 잃는 것이 판단력이다. 상황 판단을 하기는 하지만 하나님의 방법대로 하지 못한다. 바둑 둘 때 망하는 수를 악수라고 한다. 그래서 악수를 두면 대부분 진다.

만일 우리의 시선이 하나님께로부터 떨어지는 것을 알고도 그대로 방치한다면 우리의 인생은 악수를 두는 것이고 인생에서 승리할 수 없다.

절망의 골짜기(왕상 19:4)

엘리야는 아합과 이세벨의 손이 미치지 못하는 브엘세바까지 도망쳤다. 그리고 광야로 들어갔다. 광야는 사막이다. 사막에 왜 갔는가? 하나님이 가라고 하셨나? 아무도 없는 사막에 가서 하나님께 기도하여 능력을 받으려고 간 것인가? 아니다. 엘리야가 뭐 하려고 광야로 간 것인가? 왕상19장 4절이다.

'자기 자신은 광야로 들어가 하룻길쯤 가서 한 로뎀 나무 아래에 앉아서 자기가 죽기를 원하여 이르되 여호와여 넉넉하오니 지금 내 생명을 거두시옵소서 나는 내 조상들보다 낫지 못하니이다 하고'

엘리야가 광야로 들어간 이유가 나온다. 바로 죽게 해 달라고, 자포

자기 상태에서 하나님께 푸념하려고 들어갔다. 사람들이 많은 곳에서 이세벨에게 잡혀 죽으면 창피하니까 아무도 없는 광야에서 죽으려고 들어간 것이다.

믿음의 사람이요 믿음의 용장이었던 엘리야가 너무나 비참하게 무너져 내리고 있다. 이런 엘리야의 모습을 갈멜산에 있던 백성들이 보았다면 큰 실망을 했을 것이다. 하지만 멀리 도망쳐 왔기 때문에 백성들은 엘리야의 이런 모습을 볼 수 없었다.

우리는 엘리야의 이런 모습을 백번 이해하고도 남음이 있다. 엘리야는 우리와 성정이 같은 사람임을 잊지 말아야 한다. 인간은 모두 연약하다. 언제나 넘어질 가능성이 있다. 그런 의미에서 이 말씀은 우리에게 아주 귀중한 진리를 또 하나 던져 주고 있다. 믿음생활 하면서 넘어져 보지 않은 사람이 있을까? 있다면 그것은 거짓말이다. 누구든지 하나님 앞에서 넘어진 경험이 있고 또 앞으로도 넘어질 가능성이 있다.

물론 가장 훌륭한 신앙생활은 넘어지지 않고 하나님을 섬기는 것이다. 어떤 일이 있어도 하나님께 시선을 견고하게 두고 굳건히 서야 한다. 한 눈을 팔아먹지 말아야 한다. 하나님께서는 우리에게 이런 믿음을 원하신다. 문제는 우리가 연약한 인간이기에 엘리야처럼 실수할 수 있다는 사실이다.

성도들이 하나님을 섬기면서 잊지 말아야 할 중요한 진리는 신앙적으로 넘어졌을 때 어떻게 대처하느냐다. 대단히 역설적이게도 그 놀라운 비결을 본문에 나오는 엘리야에게서 배워야 한다. 엘리야가 그 위대한 비결을 우리에게 가르쳐주고 있다. 엘리야는 일부러 넘어지지 않았다. 엘리야는 넘어지지 않았을 때에도 우리에게 신앙의 모본이었고 넘어졌을 때에도 일어나는 비결을 가르쳐주는 역할을 하고 있다. 우리는 엘리야에게 이래저래 참 고맙다.

그러니까 우리도 신앙적으로 넘어졌을 때 엘리야처럼 하면 된다. 엘리야는 그 비결을 두 가지로 알려준다.

첫 번째 비결은, 넘어졌을 때는 광야로 도망쳐야 한다는 것이다.

믿음의 영웅 엘리야도 넘어지는 것을 볼 때, 성도의 인생이 그렇게 호락호락하지 않다는 것을 알 수 있다. 정말이지 살다보면 내 능력을 벗어나는 인생의 큰 장애물을 만날 때가 한 두 번이 아니다. 그런 상황에 처하면 우리 대부분은 절망한다. 평안할 때는 순교라도 할 수 있을 것 같은 당당함이 있었는데 그런 패기는 온데간데없다. 희망은 보이지 않고 절망만 마음에 가득 차 있다. 자신의 믿음이 위선 같아서 견디기가 더 힘들다.

이 때 해결책이 무엇인가? 최고의 해결책은 당당히 맞서는 것이다. 믿음의 실력을 보여줄 때다. 사실 그렇게 극복할 때도 많이 있다. 하나님께서 이런 멋진 믿음을 우리에게 원하신다. 실제로 많은 분들이 이런 삶을 살아간다. 하나님께 큰 영광을 돌리게 된다.

하지만 어느 날 엘리야처럼 허무하게 넘어질 때가 있다.

원인은 분명하다. 눈 하나를 누군가에게 팔아먹었기 때문이다. 그 눈은 하나님을 향하는 눈이다. 그 눈이 제 역할을 멈추면 이상한 현상이 펼쳐진다. 형편이나 환경이나 문제의 크기가 갑자기 '골리앗'으로 변한다. 우리를 압박하는 문제들이 너무 크게 보인다. 그래서 처음에는 조금 대항하다가 이내 좌절하고 절망하는 쪽으로 상황이 바뀐다. 너무나 위축되어서 그 문제에 대하여 당당하게 대항하지 못하고 무너지고 만다.

이럴 때 어떻게 해야 하는가? 엘리야처럼 도망치면 된다. 멀리 멀리 도망치는 것이다. 엘리야가 어디로 도망쳤는가? 광야로 사막으로 도망쳤다. 우리들도 그렇게 해야 한다. 광야나 사막은 아무도 없는 장소다. 그러니까 아무도 없는 곳으로 도망치라는 말이다. 그런데 아무도 없는 곳에 누구는 계시는가? 그렇다. 하나님은 계신다. 어디에나 계시는 주님이 광야에 계신다. 그러므로 광야란 하나님이 계신 곳을 뜻하는 말이다.

우리에게 그 광야는 교회일 수 있다. 산속 기도원일 수도 있다. 문제가 생기면 찾아가는 나만의 장소일 수도 있다. 아니면 꼼짝 못하고 누워 있는 침대일 수도 있다. 아무튼 그곳은 다른 사람들의 방해를 받지 않는 곳이다. 엘리야는 그 광야에 사환조차 데려가지 않았다. 광야는 하나님과 나만이 있는 장소다.

유감스럽게도 절망적인 문제를 만난 많은 성도들이 엘리야처럼 광야로 도망치지 않는다. 그렇다고 용감하게 믿음으로 해결하는 것도 아니다. 그 어려움을 이기지도 못하는데 그냥 무서운 이세벨 옆에 계속 남아 있다. 엘리야가 도망치지 않고 그냥 이세벨 옆에 남아 있었다면 어떻게 되었을까? 끔찍한 일을 당했을 것이다. 많은 성도들이 이세벨 곁에 마냥 있다가 큰 화를 당한다. 심지어 믿음생활을 포기하기도 한다. 또 교회를 다녀도 시름시름 다닌다. 그렇게 하면 안 된다. 도망쳐야 한다. 이세벨로부터, 내가 해결하지 못하는 문제로부터 멀리멀리 도망쳐야 한다. 사람들이 없는 광야로 도망쳐야 한다. 하나님만이 계신 그 광야로 도망쳐야 우리가 살 수 있다. 환난 당한 성도가 스스로의 힘으로 그것을 극복할 수 없을 때는 광야로 달려가는 지혜가 있어야 한다.

엘리야가 우리에게 가르쳐주는 두 번째 비결은 광야에서 하나님께 푸념을 한 것이다.

엘리야가 광야로 도망쳐 와서 한 행동은 자신을 죽여 달라고 하나님께 말씀드리는 것이었다. 푸념은 언제 하는 것인가? 속상할 때, 해법이 없는 기가 막힌 상황에서 하는 것이다. 일종의 신세한탄을 엘리야가 했다는 말이다. 하지만 이것을 고상한 말로 바꾸면 무엇을 한 것인가? 바로 기도다. 엘리야는 하나님께 기도했다. 기도에는 격식이 있다. 하지만 모든 기도가 격식을 필요로 하는 것은 아니다. 엘리야처럼 두려움에 사로잡혀 생명의 위협을 느낄 때, 하나님께 죽여 달라고 푸념한 것도 기도다. 지금 엘리야에게는 이 말 밖에 할 말이 없다. 다른 말은 생각도 나지 않았다. 그냥 죽고 싶을 뿐이다. 한 줌의 용기도 남아 있지 않았다. 남은 것이라고는 절망뿐이었다. 그래서 하나님께 죽여 달라고 솔직하게 말씀드린 것이다. 그러나 엘리야의 이런 푸념에 대응하시는 하나님의 손길을 보라. 하나님은 엘리야의 이 푸념과 탄식의 의미를 정확히 알고 계셨다. 왜 죽여 달라고 하는지를 아셨다. 하나님은 엘리야가 정말 죽고 싶어서 그러는 것이 아니라는 것을 잘 알고 계신다. 자신의 힘으로 아무것도 할 수 없는 자포자기의 상태에 빠졌다는 것을 너무나 잘 아신다.

천사를 보내주심(왕상 19:5)

하나님은 현재의 엘리야에게 무엇이 필요한지를 분명히 아셨다.

엘리야가 인생의 한계 상황에 부닥쳤을 때 하나님 앞에 나아가 이런 식으로 죽여 달라고 기도한 것은 우리가 배워야 할 중요한 원리다. 이 기도는 우리가 흔히 생각하는 정상적인 기도가 아니다. 능력을 달라고 기도한 것이 아니다. 사실 엘리야는 모든 의지와 용기를 잃었다. 이세벨과 다시 싸워서 이기는 것은 고사하고 이 땅에서 살기조차 싫어졌다. 만사가 귀찮아졌다. 그래서 그는 하나님께 죽여 달라고 기도한 것이다. 다시 말하면 하나님 앞에서 신세한탄을 한 것이다. 도무지 길이 보이지 않으니 자포자기 하는 심정으로 하나님께 죽여 달라고 푸념하고 있다.

이것은 우리가 배워야 하는 신령한 교훈이며 너무나 중요한 방법이다. 세상 속에서 만난 막강한 원수, 힘에 부치는 문제를 대하는 최고의 방법은 다윗이 골리앗을 때려눕히듯, 믿음으로 승리하는 것이다. 대부분 우리의 믿음으로 승리할 수 있다. 말씀을 의지하고 기도하면서 극복할 수 있다. 이것이 정상적인 성도의 삶이다.

그러나 골리앗 '골'자만 들어도 사지가 떨리고 모든 의지를 잃었을 때에 우리가 할 수 있는 방법은 광야로 도망쳐서 하나님께 죽여 달라고 푸념하는 것이다. 내 힘으로 도저히 감당할 수 없음을 엘리야처럼 말씀드려야 한다. 어떤 사람들은 이렇게 하는 것이 옳지 않다고 생각할지도 모른다. 감히 하나님께 어떻게 그렇게 끔찍한 말을 할 수 있느냐고 할지 모른다. 이런 사람들은 진짜 인생의 쓴맛을 보지 못해서 그렇다.

뿐만 아니라 그런 태도를 가지는 것은 하나님을 오해하기 때문이다. 그렇게 하나님을 오해하면 더 큰일이 일어난다. 오히려 이세벨에게 잡혀 죽는 경우가 있다. 예수님은 우리에게 **'수고하고 무거운 짐 진 자들아 다 내게로 오라 내가 너희를 쉬게 하리라(마11:28)'**고 말씀하셨다. 우리가 짊어지고 있는 짐의 무게가 내 능력을 초월한다면 빨리 그 짐을 주님께 내려놓아야 한다. 그래야 약속하신 대로 주님께서 쉼을 주신다.

신앙생활 하다가 넘어져서 너무 힘들고 괴로울 때, 능력이니 믿음이니 하는 말들이 전혀 귀에 들어오지도 않고 생각도 나지 않을 때에는 엘리야처럼 광야로 도망쳐 하나님께 죽여 달라고 해야 한다. 이 말은 모든 것이 괴롭고 힘들고 귀찮아서 아무것도 할 수 없을 때 우리의 입에서 거의 자동으로 나오는 말이다. 그런데 그렇게 할 때 기적이 일어난다. 주님께서 우리의 무거운 짐을 대신 짊어져 주시는 또 다른 기적이 일어난다.

물론 우리가 별것도 아닌 것 가지고 자주 죽여 달라고 하면 안 된다. 그러다가 진짜 죽여주시면 큰 일 난다. 대부분의 경우는 우리의 믿음으로 승리해야 하고 또 승리할 수 있다. 어떤 문제가 발생하면 그 문제를 가지고 집중적으로 하나님께 기도하면 승리할 수 있다. 여기서 말씀하고 있는 것은, 항상 승리하다가 한 번 쓰러진 엘리야처럼, 내 기력이 모두 빠지고 절망을 하도 많이 해서 더 이상 절망도 할 수 없을 지경에 이르렀을 때를 말하는 것이다.

이렇게 푸념하는 엘리야에 대하여 하나님께서 어떻게 반응하고 계신가? 야단을 치셨는가? 아니면 칭찬을 하셨는가? 만일 엘리야의 방법이 잘못 되었다면 하나님께서 꾸중을 하셨을 것이다. 하지만 하나님은 오히려 천사를 보내셔서 엘리야를 도와주신다. 본문 5절이다.

'로뎀 나무 아래에 누워 자더니 천사가 그를 어루만지며 그에게 이르되 일어나서 먹으라 하는지라' 일단 엘리야가 어떤 상태에 있는가? 로뎀 나무 아래 누워 잤다고 말씀한다. 죽여 달라고 말할 정도로 괴롭고 힘든 상황에서 어떻게 잠이 올까? 하나님이 잠을 주신 것이다. 이것이 하나님의 능력이고 신비다. 엘리야가 기진맥진해서 죽여 달라고 하나님께 말씀드렸는데, 이것이 인생의 짐을 하나님께 맡기는 역할을 한 것이다. 하나님께 인생의 무거운 짐을 맡겨 드리면 하나님은 그 짐을 대신 짊어져 주신다. 그게 본문에서 엘리야의 잠을 통하여 드러난다.

대부분 사람들은 괴롭고 힘들 때 잠을 못 잔다. 잠을 설친다. 하루 밤만 설치는 것이 아니라 계속 밤잠을 설친다. 어떤 사람들은 수면제를 먹고 나서야 겨우 잠을 잔다. 그러다보면 신경쇠약에 걸리고 체중도 줄어든다. 그런 사람들이 한 둘이 아니다. 이것은 예수님을 믿는 사람들이라고 해서 예외가 아니다. 엘리야처럼 하지 않으면 예수님을 믿는 사람들도 밤잠을 이루지 못하고 괴로워한다. 오히려 하나님을 원망하면서 더 잠을 자지 못한다.

그런데 오늘 본문을 보라. 엘리야가 세상 편하게 잠자고 있다. 보면 알겠지만 이 잠은 선잠이 아니다. 깊은 잠이다. 여호와께서 사랑하시는 자에게 잠을 주신다고 했는데 바로 그 잠이다. 아무리 문제가 심각해도 코를 골며 누가 업어 가도 모를 정도로 깊은 잠을 자고 나면 힘이 솟는다. 하나님께서 엘리야에게 바로 그런 잠을 주셨다. 하나님은 엘리야가 깊은 잠을 자도록 하셨다. 가지고 있던 모든 긴장감을 녹여버리고 모든 육신이 쉴 수 있도록 깊은 잠을 주셨다. 그 깊은 잠을 자고 있던 엘리야는 누군가 자신을 만지고 있다는 느낌에 잠에서 깨어났다. 누가 깨웠는가? 바로 천사였다.

하나님은 천사를 보내셔서 엘리야를 보살피게 하셨다.

하나님은 죽여 달라고 푸념을 늘어놓는 엘리야에게 깊은 잠을 주셨고 잠에서 깨운 뒤에는 엘리야에게 떡과 물을 먹이고 계신다.

천사는 하나님의 일꾼이다. 천사는 우리의 눈에는 보이지 않지만 실제로 존재한다. 천사 역시 하나님의 피조물이다. 엘리야를 도왔던 천사는 지금 우리도 돕고 있다. 성경에 보면 하나님께서 천사를 통하여 많은 일을 하신다.

대표적인 사건을 몇 가지만 보자.

구약성경 창세기 19장에 보면 소돔과 고모라가 유황불 심판을 받을 때 그곳에 살고 있던 하나님의 백성 롯을 구하기 위하여 하나님은 천사를 보내셨다. 또 믿음이 신실했던 다니엘도 천사의 도움을 받았다(단6장). 믿음을 지키기 위하여 사자 굴에 던져져서 사자의 먹이가 되려고 할 때 하나님은 천사를 보내셔서 사자의 입을 닫았다고 말씀하고 있다.

신약성경에도 천사들의 활약이 나타난다.

누가복음16장에 보면 거지 나사로가 죽었을 때 천사들이 그를 아브라함의 품으로 데려갔다. 또 사도행전 12장에, 베드로가 감옥에 갇혀 사형을 당할 위기에 있을 때에 천사가 나타나 잠자고 있던 베드로를 깨워 감옥에서 이끌어 냈다.

뿐만이 아니다. 사도행전 27장에는 전도하다가 체포되어 로마로 호송되던 바울에게도 하나님이 보내신 천사가 등장한다. 바울이 탄 배가 강한 파도를 만나 침몰의 위기가 있을 때 하나님이 보내신 천사가 바울을 도와주었다.

마태복음 18장 10절에는 천사와 관련 된 귀한 말씀이 나온다.

'삼가 이 작은 자 중의 하나도 업신여기지 말라 너희에게 말하노니 그들의 천사들이 하늘에서 하늘에 계신 내 아버지의 얼굴을 항상 뵈옵느니라.'

그렇다면 하나님이 보내시는 천사는 과연 무슨 목적을 가지고 성도들에게 올까?

히브리서 1장 14절에 보면 천사들과 하나님의 자녀들의 관계를 잘 기술하고 있다.

'모든 천사들은 섬기는 영으로서 구원 받을 상속자들을 위하여 섬기라고 보내심이 아니냐.'

또 구약성경 시편 34편 7절에도 천사의 역할을 정확하게 설명하고 있다.

'여호와의 천사가 주를 경외하는 자를 둘러 진 치고 그들을 건지시는도다.'

하나님은 당신의 천사들을 우리에게 보내주셔서 우리를 섬기도록 하셨다. 주로 어떻게 섬기는가? 천사들은 우리를 둘러 진치고 우리를 보호하는 일에 종사하면서 우리를 섬긴다.

하나님께서는 우리에게 천사를 보내 도와주신다. 하나님께서 보내신 천사들은 시공간을 초월한다. 우리 눈에 보이지는 않으나 필요할 때마다 우리를 향하신 하나님의 뜻을 행한다. 누구든지 하나님을 믿는 성도라면 하나님이 보내시는 천사의 도움을 받게 된다. 할렐루야!

친히 떡과 물을 주심(왕상 19:6-7)

우리의 신앙이 견고할 때는 견고한 상황 속에서 천사가 우리를 섬겨준다. 본문에서처럼, 엘리야가 신앙적으로 넘어졌을 때 도와준 것 같이, 우리가 넘어질 때도 하나님은 천사를 보내셔서 도와주신다. 하나님께서 그렇게 천사를 사용하신다.

우리는 이 진리를 믿어야 한다. 이 진리를 붙잡고 만만치 않은 세상을 만만하게 보면서 당당하게 살아가야 한다. 사실 넘어지는 것조차 두려워할 필요가 없다. 왜냐하면 하나님의 놀라운 은혜가 계속 임하기 때문이다.

왕상19장 6절로 7절이다. **'6 본즉 머리맡에 숯불에 구운 떡과 한 병 물이 있더라 이에 먹고 마시고 다시 누웠더니 7 여호와의 천사가 또 다시 와서 어루만지며 이르되 일어나 먹으라 네가 갈 길을 다 가지**

못할까 하노라 하는지라'

하나님께서는 엘리야에게 깊은 잠을 주시고 또 천사를 통해서 떡과 물을 가져다 주셨다. 그러니까 엘리야는 하나님이 주신 깊은 잠 그리고 떡과 물을 통하여 회복되고 있다.

이 떡과 물은 맛없는 떡과 물이 아니었다. 하나님은 엘리야가 죽여 달라고 푸념할 때 떡과 물을 주시면서 **"야 엘리야야 이 떡과 물을 먹어라, 이것을 먹어야 네가 살 수 있다, 이런 때일수록 먹어둬야 하는 거야"**라고 하시지 않으셨다. 하나님은 먼저 엘리야를 깊이 잠들게 하셨다. 일단 육신적으로 푹 쉬게 하시고 일으켜 세우셨다. 그 다음에 맛있는 떡과 물을 먹게 하셨다. 이 떡과 물은 엘리야의 지친 심신을 온전히 회복시키는데 결정적인 역할을 했다.

이것은 넘어진 당신의 백성들에게 역사하시는 하나님의 방법이다. 하나님은 지금도 똑같이 일하신다. 성도들이 넘어져 기진맥진할 때 천사를 보내셔서 도와주신다. 하나님은 천사를 통해서만 돕지 않으시고 친히 우리를 도와주신다. 하나님은 언제나 우리와 함께 하시면서 도와주신다. 히브리서 13장 5절이다.

'돈을 사랑하지 말고 있는 바를 족한 줄로 알라 그가 친히 말씀하시기를 내가 결코 너희를 버리지 아니하고 너희를 떠나지 아니하리라 하셨느니라.'

우리와 함께 하시면서 무엇을 하시는가? 바로 우리가 기진맥진했을 때 우리에게 깊은 잠을 주시고 떡과 물을 주신다. 피곤에 지치고 문제에 시달리고 절망 속에서 신음하는 성도들에게 예수님은 떡을 주시고 물을 주신다.

신앙생활의 정석은 영적으로 지치지 않는 것이다. 늘 주님과 동행하여 기진맥진하지 않고 믿음의 생생함을 유지하는 것이다. 그러나 항상 그런 사람은 없다. 살다보면 의도치 않은 상황이 발생한다. 평소에 예수님의 이름을 부르면서 연전연승하던 믿음의 용장은 온데간데없고 엘리야처럼 갑자기 신앙의 슬럼프에 빠지는 것이다.

사람이 신앙의 슬럼프에 빠지면 가장 먼저 잃는 기능이 있다. 바로 눈의 기능과 귀의 기능이다. 눈의 기능과 귀의 기능은 육신적으로도 너무나 소중하다. 그러나 영적인 의미는 더 중요하다. 지금까지 엘리야는 영적인 눈과 영적인 귀의 기능이 타의 추종을 불허했다. 하나님이 역사하시는 현장에서 엘리야의 눈과 귀는 살아있었다. 다른 사람들은 보지 못하는 하나님의 역사를 너무나 많이 목도해 왔다. 다른 사람들이 듣지 못하는 하나님의 음성도 들을 줄 아는 사람이었다. 그랬던 그가 지금 그 신령한 기능을 모두 상실하고 말았다. 영적인 귀와 영적인 눈의 기능을 잃으면 이상 증상이 어디에 나타나는가? 바로 마음에 나타난다. 마음의 상태가 어떻게 되는가? 둔해진다. 이렇게 되면 대책이 없게 된다.

하나님의 자녀의 눈과 귀가 고장 나고 그 결과로 마음까지 무너지면 남는 것이 무엇인가? 딱 하나 남는다. 바로 입이다. 이게 마지막 희망이다. 하지만 눈과 귀와 마음이 무너진 입에서 무슨 선한 것이 나오겠는가? 엘리야가 잘 보여주고 있다. 사실 이것도 귀한 것이라 했다. 더 심하게 무너져 내리면 그 입마저 행방을 감춰버린다. 아주 영적인 중증으로 대책이 안 보인다. 그러나 입이라도 그렇게 살아있어야 한다. 불평과 원망이 믿음의 사람들에게 나쁜 것이지만, 그래도 불평과 원망이라도 할 수 있다는 사실은 뭔가 아직 살아있다는 증거다. 입이 아직은 살아있다는 증거다. 그 입 가지고 엘리야처럼 하나님께 '죽여 달라'고 기도하면 된다.

나는 더 이상 아무것도 할 수 없으니 천국으로 데려가 달라고 말씀드리면 된다. 그 기도가 합당하면 천국으로 즉각 데려가실 것이다. 하지만 그런 상황에서 하나님께 말씀드리는 푸념의 의미를 하나님은 아신다. 그리고는 하나님의 방법대로 떡과 물을 통하여 회복해 주신다.

구체적으로 어떻게 떡과 물을 주시는가?

요한복음 6장 35절이다. '예수께서 이르시되 나는 생명의 떡이니 내게 오는 자는 결코 주리지 아니할 터이요 나를 믿는 자는 영원히 목마르지 아니하리라' 예수님께 오는 자에게 생명의 떡을 주신다고 말씀하신다. 예수님께 나온다는 것은 엘리야처럼 나온다는 말이다. 하나님만이 계시는 광야로 간다는 의미다. 광야로 가서 푸념하면 된다. 기도하면 된다. 그 때 예수님은 우리에게 생명의 떡을 주신다.

요한복음 7장 37절로 39절에도 복음이 있다.

'37 명절 끝날 곧 큰 날에 예수께서 서서 외쳐 이르시되 누구든지 목마르거든 내게로 와서 마시라 38 나를 믿는 자는 성경에 이름과 같이 그 배에서 생수의 강이 흘러나오리라 하시니 39 이는 그를 믿는 자들이 받을 성령을 가리켜 말씀하신 것이라 (예수께서 아직 영광을 받지 않으셨으므로 성령이 아직 그들에게 계시지 아니하시더라)'

여기는 예수님이 생명수를 주시겠다고 말씀하신다. 엘리야처럼 넘어진 당신의 백성들에게 생명의 물을 주시겠다고 아니 생명수의 강의 축복을 주시겠다고 말씀하신다.

그러니까 예수님이 주시는 떡과 물을 먹고 마시려면 중요한 조건이 있다는 말이다. 그것은 반드시 예수님께 나오라는 말이다. 그렇다. 예수님이 주시는 생명의 떡과 생명수의 강물을 먹고 마시려는 사람은 예수님께 나와야 한다. 예수님께 나오는 사람만이 생명의 떡과 생명의 물을 먹고 마실 수 있다. 반대로 말하면 어떻게 되는가? 예수님께 가지 않으면 생명의 떡과 생명의 물을 먹고 마실 수 없다는 말이다.

예수님께 나오는 방법은 엘리야가 잘 보여주고 있다. 광야로 가면 된다. 즉 두 손 들고 하나님 앞에 서면된다.

마태복음 7장 7절로 8절이다.

'7 구하라 그리하면 너희에게 주실 것이요 찾으라 그리하면 찾아낼 것이요 문을 두드리라 그리하면 너희에게 열릴 것이니 8 구하는 이마다 받을 것이요 찾는 이는 찾아낼 것이요 두드리는 이에게는 열릴 것이니라.'

신앙적으로 넘어진 사람들 중에 예수님께 나오는 대신 엉뚱한 데로 가는 사람들이 적지 않다. 거기는 생명의 떡과 생명의 물이 없다. 안타까운 결말을 맞이할 수밖에 없다.

세상에 절망의 골짜기를 좋아하는 사람은 없다. 그러나 인생길을 걸어가다 보면 이 골짜기를 지나칠 수밖에 없다. 그것은 우리의 연약함에 기인한다. 우리가 교만을 떨다가 그 함정에 빠질 수도 있고 하나님의 일을 감당하다가 그 안으로 들어갈 수도 있다. 엘리야의 경우는 후자라 할 수 있다. 그 골짜기로 들어가면 우리의 모든 기능이 제대로 작동하지 않게 된다. 우리의 눈도 헛것을 본다. 우리의 귀도 헛소리를 듣는다. 우리의 마음에는 두려움과 공포로 가득 찬다. 평상시에 하나님 앞에서 굳건하던 내 모습은 온데간데없다.

이 때 가장 놀라는 사람이 있다. 다른 사람이 아닌 바로 자기 자신이다. 하지만 놀랄 이유가 전혀 없다. 우리는 천성적으로 자기 자신을 과대평가한다. 하나님을 향한 믿음이 상당한 수준이라고 스스로 평가한다. 그러나 이 절망의 골짜기에 들어와 보면 생각이 바뀐다. 그제야 '나보다 남을 낫게 여기라'는 주님의 말씀이 생각난다.

그러나 이 절망의 골짜기에 들어오면 눈앞이 캄캄해진다. 하나님 앞에 죽여 달라고 울부짖는다. 뚫린 곳이라고는 입 밖에 없다. 물론 입의 기능도 정상이 아니다. 이런 우리를 하나님이 감싸 안으신다. 깊은 잠을 자게 하신다. 그리고 떡과 물을 주셔서 다시금 일어서게 하신다.

성령으로 거듭난 하나님의 백성의 축복이 무엇인지 아는가? 절망의 골짜기에 빠졌을 때 반드시 광야로 온다는 사실이다. 광야로 와서 뚫린 입으로 죽여 달라고 기도한다.

1970년대 80년대 대부분 시골에는 5일 장이 열렸다. 지금도 있긴 하다. 그 때 어른들이 시장에서 돌아올 때면 제 정신이 아닌 분들이 꽤 있었다. 술을 마셨기 때문이다. 그런데 비틀거리면서도 자기 집을 기가 막히게 찾아온다.

성령으로 거듭난 하나님의 자녀들도 비슷하다. 절망의 골짜기에 빠져 정신이 혼미해도 아버지 집을 기가 막히게 찾아온다. 그런데 문제가 무엇인가? 5일 장에 갔다가 집으로 돌아오지 못한 분들이 가끔 있다는 사실이다. 여기 그런 분들이 혹시 있는가? 그런 분들이 있다면 하나님의 품으로 돌아오라. 살아갈 용기가 없다고 말씀드리라. 하나님이 깊은 잠 즉 안식을 주실 것이다. 생명의 떡과 생명의 물을 주실 것이다. 성령을 주셔서 회복의 은혜를 주실 것이다. 하나님의 은혜로 다시금 일어나는 축복의 자녀들이 되자.

토의문제

1. 엘리야는 신앙적으로 거의 완벽한 하나님의 사람이다. 한 번 넘어진 것 때문에 비난 받아서는 안 된다. 엘리야가 넘어진 이유에 대하여 다시 한 번 나눠보라.

열왕기상19:3절, **'그가 이 형편을 보고 일어나 자기의 생명을 위해 도망하여 유다에 속한 브엘세바에 이르러 자기의 사환을 그 곳에 머물게 하고'**

2. 엘리야는 이세벨의 위협에 놀라 광야로 도망쳤다. 그런데 엘리야가 도망쳤던 '광야'를 통하여 성도들은 놀라운 교훈을 배우게 된다. 그 교훈을 나눠보라.

열왕기상19장 4절, **'자기 자신은 광야로 들어가 하룻길쯤 가서 한 로뎀 나무 아래에 앉아서 자기가 죽기를 원하여 이르되 여호와여 넉넉하오니 지금 내 생명을 거두시옵소서 나는 내 조상들보다 낫지 못하니이다 하고'**

3. 광야에서 하나님은 엘리야에게 천사를 보내 도와주셨다.

성경에 나타나는 천사의 역할에 대하여 나눠보라.

열왕기상 19장 5절. **'로뎀 나무 아래에 누워 자더니 천사가 그를 어루만지며 그에게 이르되 일어나서 먹으라 하는지라'**

창세기 19장, 다니엘서 6장, 누가복음 16장, 사도행전 12장 등을 참

조하라.

히브리서 1장 14절. **'모든 천사들은 섬기는 영으로서 구원 받을 상속자들을 위하여 섬기라고 보내심이 아니냐?'**

4. 하나님의 도움은 천사를 보내는데 멈추지 않으신다. 친히 우리를 도와주신다. 본문에서 어떻게 도와주시는지를 나눠보라.

열왕기상 19장 5절로 7절. **'5 로뎀 나무 아래에 누워 자더니 천사가 그를 어루만지며 그에게 이르되 일어나서 먹으라 하는지라 6 본즉 머리맡에 숯불에 구운 떡과 한 병 물이 있더라 이에 먹고 마시고 다시 누웠더니 7 여호와의 천사가 또 다시 와서 어루만지며 이르되 일어나 먹으라 네가 갈 길을 다 가지 못할까 하노라 하는지라'**

기도

1. 토의 내용을 통하여 하나님께 찬양하고 감사하며 고백하고 회개하라.

2. 토의 내용을 통하여 주신 기도제목을 가지고 간구하라.

여호와께서 모세에게 말씀하여 이르시되 은 나팔 둘을 만들되 두들겨 만들어서 그것으로 회중을 소집하며 진영을 출발하게 할 것이라

(민 10:1-2)

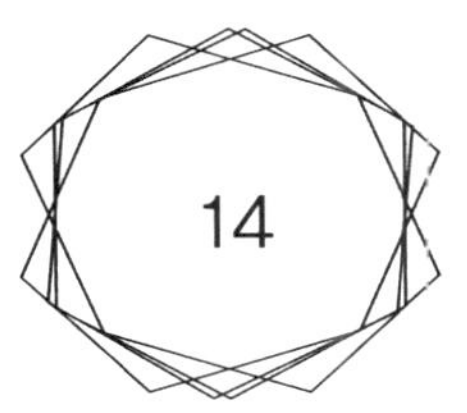

세미한 소리로

(왕상 19:8-12)

예수님을 믿은 지 얼마 되지 않는 성도들에게 엘리야는 생소할 것이다. 하지만 기존 성도들에게 엘리야는 너무나 익숙한 하나님의 사람이다. 엘리야는 구약시대 그러니까 지금부터는 약 2700여 년 전에 이스라엘에서 귀하게 쓰임 받은 하나님의 일꾼이었다. 그는 우리와 똑같은 사람이었다. 우리와 다른 것이 있다면 하나님과 하나님의 말씀을 우리보다 더 신실하게 믿은 사람이었다. 대부분의 사람들이 자신의 생각과 하나님의 생각이 다를 때 많은 고민을 한다. 또 하나님의 생각을 따르기보다는 자신의 생각대로 할 때가 많다. 엘리야는 이런 관점에서 생각해 볼 때 우리보다 훌륭했다. 엘리야는 하나님의 말씀을 액면 그대로 믿고 따르는 사람이었다. 동쪽으로 가라고 하면 동쪽으로 갔고 하나님이 서쪽으로 가라고 하면 서쪽으로 간 사람이다. 자신의 생각보다 하나님의 생각을 더 의지했다.

신앙생활이란 이런 것이다.
원리는 간단하다. 하지만 그 원리가 우리의 삶에 익숙해지기 위해서는 경건의 연습이 필요하다. 경건의 연습을 통하여 믿음이 강해졌을 때는 이런 멋진 현상이 나타난다. 단순하게 하나님께서 하라고 말씀하시면 한다. 또 하지 말라 하시면 하지 않는다. 그러나 믿음이 튼튼하지 않으면 이게 쉽지 않다. 엘리야가 이렇게 할 수 있었던 것은 그 마음에 하나님을 향한 열심, 특심 때문이었다. 그 마음속에 하나님은 언제나 가장 존귀한 존재였다. 항상 일 번 이었다. 하나님이 우리에게 하라는 것은 반드시 좋은 것이다. 하나님께도 영광이 되고 더 중요한 사실은 우리에게 큰 유익과 축복과 기쁨이 된다. 쉽게 말하면 인생 대박의 비결이다. 또 하나님께서 하지 말라 하시는 것을 하지 않을 때도 마찬가지다. 하나님께 영광이 되고 우리에게도 유익이며 축복이다. 엘리야처럼 마음에 하나님을 최고의 존재로 모실 때 이런 복이 임한다.

이 땅에 살면서 승리하는 삶, 언제나 성공적인 삶을 살기 원하는 사람은 하나님의 말씀에 단순하게 순종하면 된다. 왜냐하면 하나님의 말씀이 그 비결을 담고 있기 때문이다. 하나님의 말씀은 만고불변의 진리다. 이미 검증이 끝난 보석과도 같다. 지혜로운 사람들은 바로 이런 것을 배우는 데 빠르다. 그러나 지혜롭지 못한 사람들은 이 귀한 진리를 배우지 못한다. 또 그 진리를 들어도 듣지 못한다. 그 진리를 봐도 보지 못하는 이상한 일이 발생한다. 그러면 하나님의 복을 체험할 수 없고 누릴 수도 없다. 자신이 옳다고 믿는 것을 하는 것이 인간이다. 이것은 나쁜 것이 아니고 하나님도 그런 자유를 우리에게 주셨다. 문제는 하나님이 주신 원리를 잘 살펴보아야 한다는 사실이다. 즉 우리에게 옳은 것이라 해도 하나님이 보실 때 옳지 않으면 멈춰야 한다.

인생이 소중한 이유가 있다. 바로 하나님의 말씀의 원리, 진리를 배우고 그 진리를 연습하는 마당이기 때문이다. 그것이 하나님께서 우리를 이 땅에 살게 하시는 이유다. 이 땅에 머물게 하시는 이유다. 인생 속에서 우리는 하나님의 형상을 구현한다. 원래 하나님이 우리를 창조하실 때 당신의 형상과 모양으로 지으셨다. 하지만 죄로 인하여 그 형상이 무너졌다. 하나님은 이 세상을 당신의 백성들을 세우는 장으로 삼으신다. 무너진 하나님의 형상을 회복하는 장으로 세상을, 인생을 활용하신다.

우리의 길을 인도하시는 하나님(왕상 19:8)

정상적인 성도가 바른 믿음생활을 하다가 넘어진다는 것은 분명 당혹스러운 일이다. 수많은 비난을 받을 수도 있다. 그러나 우리는 형제들의 넘어짐에 대하여 쉽게 판단해서는 안 된다. 넘어진 사람이 실수해서 넘어졌다 해도 쉽게 판단하지 말아야 한다. 똑똑한 사람일수록 다른 사람들을 평가하고 판단하는 일에 익숙하다. 그러나 잘못 판단할 가능성이 너무 많다. '원숭이도 나무에서 떨어질 날이 있다'는 말이 있다. 진짜 똑똑한 사람들은 이런 부분에 조심한다. 어설프게 똑똑한 사람들이 형제의 넘어짐에 대하여 날카롭게 비난하지만, 더 당혹스런 상황을 맞이할 때 후회한다. 이런 부분을 유념해야 하나님의 진정한 축복을 누린다.

넘어진 엘리야에 대하여 하나님이 어떤 반응을 하시는지 보자. 날카롭게 비난을 하시는지 아니면 다른 방법을 사용하시는지를 말이다. 믿음이 무너져 도망친 엘리야를 대하시는 하나님의 반응은 사랑이요 따뜻함이다. 하나님은 엘리야를 야단치지 않으셨다. 하나님은 심신이 지쳐 있는 엘리야에게 천사를 보내셔서 감싸 주고 계신다. 떡과 물을 먹게 하심으로 기력을 회복시키는 모습을 볼 수 있다. 아주 정상적인 상태로 회복시키는 하나님의 사랑을 발견할 수 있다.

우리는 세상을 살아갈 때 미래에 대하여 많은 걱정을 하고 산다. 그 걱정에 사로잡히면 삶의 중심이 흔들리게 된다.

'호랑이에게 물려가도 정신만 차리면 산다.'는 말이 있지만, 정신을 차릴 상황이 아닐 때가 많다. 믿음으로 견고하게 서 있을 때에 든든함이 있다. 그러나 믿음이 흔들리고 믿음이 무너져 내릴 때는 중심을 잃는다. 갑자기 감당하지 못할 상황이 찾아올 때에 흔들린다.

실직이나 질병 같은 상황이 발생할 때 걱정과 염려의 포로가 된다.

그러나 우리가 하나님의 자녀들이라면 걱정하거나 염려할 필요가 없다. 본문 말씀에 보면 인생을 인도하시는, 특히 하나님의 백성들을 인도하시는 하나님의 손길을 분명히 발견할 수 있기 때문이다.

본문의 말씀은 성도들이 신앙적으로 바르게 행동할 때나 실수할 때에도 하나님은 우리들을 선한 길로 인도하신다는 사실을 보여준다. 물론 우리는 신앙생활을 잘 해야 한다. 이 말씀을 오해하면 안 된다. 허구한 날 엉터리로 신앙생활 하면서도 그 심각성을 알지 못하는 사람에게 적용되는 말씀이 아니다. 엘리야의 경우를 보라. 반듯한 신앙생활, 하나님의 뜻에 순종하는 신앙생활을 해 왔다. 그러다가 한 번 무너진 것이다. 항상 하나님 앞에 반듯한 믿음생활을 해 왔다.

모든 성도들은 히브리서 4장 1절로 2절을 명심해야 한다.

'1 그러므로 우리는 두려워할지니 그의 안식에 들어갈 약속이 남아 있을지라도 너희 중에는 혹 이르지 못할 자가 있을까 함이라 2 그들과 같이 우리도 복음 전함을 받은 자이나 들은 바 그 말씀이 그들에게 유익하지 못한 것은 듣는 자가 믿음과 결부시키지 아니함이라'

히브리서 기자는 구원 받은 성도들에게 두려워하라고 말씀한다. 왜 성도들이 두려워해야 하는가? 간단하다. 본문에 언급되는 하나님의 안식은 구원을 뜻한다. 구원은 반드시 믿음으로 받는다. 예수님을 믿음으로 받는다. 그 믿음이 건강한지를 늘 점검하라는 말씀이다. 점검하면서 그 믿음이 흔들리고 있거나 아예 없다면 두려워하라는 말씀이다.

믿음을 모으고 믿음을 사용하고 믿음의 역사가 정상적으로 일어나고 있는지를 점검하면서 살라는 말씀이다. 믿는다는 무늬만 있지, 믿음모음과 믿음사용과 믿음역사가 없다면 어떤 상태라고 경고하고 있는가? 그것을 히브리서 4장 2절에서 '믿음을 결부시키지 않는 것'이라 정의한다. 하나님과 하나님의 말씀에 대하여 믿음을 결부시키지 않는다면 그것은 믿음이 없는 것과 마찬가지다. 우리는 이 '믿음의 결부'가 상시 일어나고 있는지를 점검해야 한다. 사도 바울은 고린도후서 13장 5절에서 이렇게 경고했다.

'너희는 믿음 안에 있는가 너희 자신을 시험하고 너희 자신을 확증하라 예수 그리스도께서 너희 안에 계신 줄을 너희가 스스로 알지 못하느냐 그렇지 않으면 너희는 버림받은 자니라'

누가 예수님을 믿느냐고 말할 때, 믿는다고 답하는 것이 믿음 있는 증거가 아니라 우리 안에 살아계시는 예수님, 즉 성령의 역사가 정상적으로 일어날 때에 그 믿음이 정상임을 알아야 한다. 날마다 말씀을 읽고 공부함으로 하나님의 말씀을 받고 기도로 그 말씀을 사용하는 믿음의 역사가 뒷받침되어야 한다. 이런 사람이 믿음 있는 사람이다. 따라서 우리는 언제나 우리가 믿음 안에 있는가를 시험하고 확증해야 한다.

엘리야는 그런 사람이었다. 언제나 믿음으로 살았던 하나님의 사람이었다. 하나님의 인도하심을 받았고 하나님 말씀의 원리를 제대로 배우고 순종하면서 살았던 사람이었다.

성경에 보면 날마다 순간마다 하나님의 인도하심을 제대로 받아서 멋진 인생을 살았던 사람들이 가득하다. 다윗은 그 대표적인 사람이다. 일평생 두 세 번의 치명적인 실수를 했지만 그 일들 외에는 아주 멋진 믿음의 삶을 살았다. 시편 23편에서 다윗은 하나님을 자신의 목자로 철저하게 인정했다. 목자 되시는 하나님의 인도함을 받는 양으로 자신을 묘사했다. 선한 목자, 참 된 목자를 만난 다윗은 일평생 목자 되시는 하나님의 철저한 인도하심을 받고 성공적인 인생길을 간 사람이었다.

엘리야도 바로 이런 사람이었다. 언제나 하나님의 음성을 사모했다. 하나님의 말씀을 소중히 여겼다. 하나님은 이런 엘리야를 선하신 길로 인도하셨다.

그런데 문제가 생긴 것이다. 하나님 앞에서 실수했다. 잠시 겸손의 자리를 벗어나 교만의 의자에 앉아버렸다. 하나님의 말씀에 귀를 기울이는 대신 이세벨의 음성에 귀를 더 기울였다. 하나님의 말씀대신 환경을 더 붙잡은 것이고 그 결과 하나님보다 문제를 더 크게 보는 잘못을 저질렀다. 따라서 이제 엘리야는 망해야 한다. 되는 일이 없어야 한다.

그런데 본문을 보면 이상한 일이 벌어졌다. 생각 같아서는 엘리야가 망해야 하는데 그렇지 않다. 오히려 놀라운 은혜가 임하고 있다. 하나님은 엘리야를 쉬게 하시고 떡과 물을 먹이셨다. 잘못된 방향을 바로 잡아 주셨다. 여기 하나님의 놀라운 은혜를 볼 수 있다. 회복시켜 주실 뿐만 아니라 엘리야를 인도하여 주신다. 심은 대로 거두게 하시는 것이 하나님의 법칙이다. 대부분 이 원리가 적용된다. 그러나 모두 그렇게 적용된다면 오늘 우리의 삶은 존재하지 않는다. 하나님의 놀라운 은혜란 그런 것이다. 심은대로 거두게 하시지만, 우리에게 해로운 것은 오래 참으시고 그 법칙이 온전히 적용되지 않게 하시는 은혜 말이다.

열왕기상19장 8절이다. **'이에 일어나 먹고 마시고 그 음식물의 힘을 의지하여 사십 주 사십 야를 가서 하나님의 산 호렙에 이르니라.'** 실수한 엘리야에게 하나님은 어디로 가야 할지를 깨닫게 하셨다. 그 방향을 가르쳐 주시고 인도하여 주신다. 그리고 정확하게 이르게 하신다. 왜 하나님께서 이런 은혜를 엘리야에게 베풀어 주시는가? 그것은 우선 엘리야의 중심이 바르기 때문이다. 비록 실수로 믿음이 약해짐으로 이세벨의 위협에 주눅 들어 도망을 치기는 했지만, 그것은 어디까지나 고의적인 것이 아니었다. 그것은 엘리야가 연약해서 일어난 사건이었다. 실수로 일어난 사건이었다. 신앙적으로 연약해서 넘어진 엘리야를 하나님은 세워주셨고 바른 방향을 가르쳐 주셨다. 그러나 더 중요한 이유가 있다. 바로 하나님의 은혜와 사랑이다. 우리에게 허물이 있음에도 불구하고 감싸주시는 하나님의 은혜다.

이것은 모든 성도들에게 복음이다. 최고로 기쁜 소식이다. 하나님은 당신의 백성들이 행여 연약해서 넘어진다 해도 은혜를 베풀어 주신다. 우리의 길을 인도해 주시고 보호하신다. 평소에 우리의 중심이 바르게 서 있다면 더 할 나위 없다. 우리가 실수하여 넘어졌을 지라도 나무라지 않으시고 덮어주신다. 엘리야가 그 증인이다. 하나님의 백성, 하나님의 자녀이기에 우리의 인생을 인도해 주시고 책임져 주신다. 할렐루야!

인도는 하나님의 영역(왕상 19:9-10)

그러므로 예수님을 믿어 성령으로 거듭난 하나님의 백성이라면 두려워 할 이유가 없다. 더구나 평소 그 마음의 중심에 하나님을 모시고 사는 사람은 더 그렇다. 문제는 우리의 믿음이 약하기 때문에 두려워하며 살아간다. 하나님과 하나님의 말씀에 대한 우리의 바른 자세는 인생길을 인도하시는 하나님을 경험하게 한다. 또한 엘리야처럼 넘어진다고 해도 우리의 중심을 아시므로 하나님은 궁극적인 승리의 길로 이끌어주신다.

우리의 삶이 어떤 상황에 처해 있든지 하나님은 당신의 자녀들의 삶을 철저히 보호하신다. 실수하는 것도 두려워하지 말라. 그 실수마저 하나님은 전화위복의 기회로 삼으실 것이기 때문이다.

1974년 3M이라는 회사에서 접착제를 개발했다. 그런데 접착제의 품질이 좋지 않아서 실패작이 되었다. 접착제는 한번 붙으면 떨어지지 말아야 하는데 이 접착제는 붙었다가 얼마 되지 않아서 떨어졌기 때문이다. 그 회사에서는 실패를 인정했다.

그런데 그 회사에 예수님을 신실하게 믿는 '아서 프라이'라는 사원이 있었다. 교회에서 찬양대원 이었는데, 찬양대에서 악보를 잘 구분해 놓기 위해 그 실패한 접착제를 가지고 붙였다 떼었다 하다가 거기서 힌트를 얻었다. 요즘 우리가 많이 사용하고 있는 '포스트 잇'이 그렇게 탄생되었다. 이 제품은 선풍적인 인기를 끌기 시작했다. 그 회사는 순식간에 많은 이익을 남기게 되었다.

그 회사에서는 실패한 제품으로 폐기처분할 것이었는데 예수님을 신실하게 믿던 사원의 공로로 회사에 엄청난 유익을 가져다주는 결과를 만들어 낸 것이다. 전화위복이 무엇인지 제대로 보여준 사건이다. 따라서 성도는 인생의 실패에 대하여 바른 관점을 가져야 한다. 실패라고 함부로 단언하면 안 된다. 실패는 또 다른 기회와 가능성을 가지고 있다. 특히 하나님의 백성들에게 더 그렇다.

이런 경우도 있었다.

오래 전에 비누공장을 경영하던 중년 남성이 있었다. 그는 회사가 경영난을 겪어도 십일조를 생명같이 여겼다. 사업의 존폐 위기에서도 그는 단순한 믿음으로 하나님께 십일조를 드렸다.

그런데 설상가상으로 경제 공황이 왔다. 어려운 시기가 계속되던 어느 날 한 직원이 비누 만드는 기계를 너무 오래 가동하는 바람에 물에 둥둥 뜨는 엉터리 비누를 생산하게 되었다. 당황한 직원들은 어찌할 바를 몰랐다. 그런데 하나님이 그 믿음의 사람인 사장에게 지혜를 주셨다. 하나님의 은혜로 한 가지 생각이 퍼뜩 떠올랐다.

목욕탕에서는 물에 뜨는 비누가 훨씬 좋다는 생각으로 이 상품을 그대로 판매해보기로 했다. 이 사장은 그 비누의 이름을 '아이보리'라고 지어서 시장에 내놓았다. 결과는 대박, 이 비누가 선풍적인 인기를 얻음으로 그는 사업에서 크게 성공했다.

이 사람의 이름은 '할레이 프록터'로 미국 신시내티에 있는 프록터 & 갬블회사의 설립자다.

직원이 실수했을 때 떠오른 한 가지 생각! 누가 생각나게 했는가? 누가 그 생각과 만나게 하셨는가? 하나님이시다.

온 세상의 일들이 모두 생각의 만남으로 결정된다. 흥하는 사람도 생각의 만남이 반드시 선행된다. 망하는 사람도 생각의 만남 후에 망하는 길로 간다.

그렇다. 그 생각을 누가 주관하시는가? 하나님이시다.

정말이지 하나님께 잘 보여야 한다. 하나님께 잘 보이는 삶이 형통의 삶이다. 죽는 길 같아도 그게 살길이다. 그러나 하나님께 잘못 보이면 살 길 같아도 그게 죽는 길이다. 전지전능하신 하나님은 우주를 경영하실 뿐만 아니라 우리 개인의 삶도 철저하게 주관하시고 인도하신다. 우리가 하나님을 신실하게 믿고 의지하면 하나님은 우리의 믿음대로 역사하신다. 선한 길로 우리를 인도하신다. 뿐만 아니라 우리의 믿음과 신앙이 하나님 보시기에 정직하고 반듯하면 연약하고 무지해서 실수하여 넘어질 때도 반드시 축복의 길로 우리를 인도하신다. 우리의 삶을 붙잡아 주신다. 풍성한 열매로 축복해 주시는 분이 하나님이시다. 하나님은 우리의 실수까지도 이용하셔서 더 큰 열매를 맺게 하시는 분이시다. 할렐루야!

성도들이 믿는 하나님이 이런 분이시다. 만일 하나님이 우리가 잘하면 복을 주시지만 실수할 때마다 벌을 주신다면 어떻게 되겠는가? 아마 이 자리에 우리는 없을 것이다. 뿐만 아니라 성도들이 이 세상에서 마음 놓고 담대하게 살아 갈 수 없을 것이다.

그러므로 넘어질 때 넘어지더라도 우리의 중심이 하나님 보시기에 정직해야 한다. 삐딱한 마음을 가지고 있으면 안 된다. 중심이 하나님 앞에서 바르지 않고 의도적으로 하나님의 뜻을 거스르면 하나님의 인도하심을 기대할 수 없다.

엘리야는 하나님 앞에 정직한 사람이었다. 그의 마음에 하나님을 향한 열정이 있었다. 항상 이런 마음을 가지기 위하여 기도해야 한다. 열왕기상 19장 9절과 10절이다.

'9 엘리야가 그 곳 굴에 들어가 거기서 머물더니 여호와의 말씀이 그에게 임하여 이르시되 엘리야야 네가 어찌하여 여기 있느냐 10 그가 대답하되 내가 만군의 하나님 여호와께 열심이 유별하오니 이는

이스라엘 자손이 주의 언약을 버리고 주의 제단을 헐며 칼로 주의 선지자들을 죽였음이오며 오직 나만 남았거늘 그들이 내 생명을 찾아 빼앗으려 하나이다.'

하나님은 엘리야에게 왜 여기 있느냐고 질문하시고 엘리야는 그 질문에 대답하고 있다. 대답하는 가운데 엘리야는 하나님께 대하여 '내가 만군의 하나님 여호와께 열심이 유별나다'고 말씀하신다. 옛날 번역판에는 '열심이 특심하다'로 되어 있다. 그렇다. 엘리야의 이 말은 거짓말이 아니었다. 엘리야가 하나님과 하나님의 말씀에 순종하고 하나님을 사랑하고 하나님의 일을 하는데 있어서 열심이 특심했다. 열심이 유별났다. 그래서 하나님은 엘리야가 실수하지 않을 때나 실수할 때나 계속 선하신 길로 이끌어 주시고 인도해 주셨다.

모든 성도들은 이 진리를 붙잡아야 한다. 그리고 이 진리를 놓치지 말아야 한다. 우리가 부족하지만, 엘리야처럼 하나님과 하나님의 말씀을 사랑하는 일에 열심이 특심해야 한다. 하나님의 일에 대하여 마음에 열정이 있어야 하고 유별나야 한다. 무엇 하나 봉사를 해도 열정을 가지고 해야 한다. 되는 대로 대충 대충 하는 것이 아니라 열심을 가지고 해야 한다. 그런 마음을 가지고 있을 때 하나님은 우리의 길을 항상 멋지게 인도하신다. 스스로 점검해 보라. 나는 하나님과 하나님의 일에 대하여 열심이 유별난가? 열심이 특심한가? 아니면 하나님의 일에 아무런 관심이 없는가? 성도는 하나님의 사람이다. 하나님의 사람은 하나님과 하나님의 일에 열심을 낸다.

세미한 소리로 인도하시는 하나님(왕상 18:11-12)

그렇다면 본문에서 말씀하고 있는 하나님을 향한 엘리야의 열심이 무엇인가? 이스라엘 백성이 지금 어떤 상태에 있다고 엘리야가 하나님께 말씀드리고 있는가? 주님의 언약을 버렸다고 말씀한다. 주의 제단을 헐어버렸다고 말씀한다. 뿐만 아니라 주의 선지자들을 칼로 죽였으며 심지어 자신의 생명까지 노리고 있다고 말씀드리고 있다.

이것이 세상의 특징이다. 교회 안에서도 이런 일이 일어난다. 사람들이 주의 언약을 버리고 살아간다. 사실 교회 밖에 있는 사람들도 원래 하나님의 형상으로 지음 받은 사람들이다. 그러나 사람들은 창조주 하나님을 인정하지 않는다. 하나님이 주인이라는 사실을 인정하지 않는다. 그 진리를 부정하며 진저리내는 사람들도 적지 않다. 교회에 다니는 사람들도 주님이 주신 언약을 무시하며 그 언약을 외면하는 사람들이 많다.

적지 않은 사람들이 주님의 제단을 헐어버렸다. 예배의 제단이 무너졌다. 편의에 따라 예배를 드린다. 등산 갈 일이 생기면 그게 먼저다. 거룩한 주일에 왜 예배를 드려야 하는지 잘 모른다. 말씀의 제단도 오래전에 무너졌다. 기도의 제단은 어떤가? 그런 게 있는 줄도 모르는 사람이 너무 많다. 봉사의 제단도 남의 일이고 전도의 제단은 아예 생경하다. 나를 통하여 귀한 영혼들이 얼마든지 돌아올 수 있는데, 그 필요성도 모른다. 그 특권과 영광을 알려 하지도 않는다. 복음의 통로로 쓰임 받는 영광을 잊은 지 오래다.

평소에 하나님을 향한 엘리야의 열심이란 바로 이것이었다. 하나님의 백성들이 하나님의 언약 안으로 들어오게 하는 것, 헐어버린 제단을 다시 세우는 일에 열심을 내는 것이었다.

엘리야의 기력을 회복시켜 주신 하나님은 이 귀한 사명에 다시 엘리야를 사용하신다.

열왕기상 19장 9절에서 하나님은 엘리야에게 질문을 하셨고 10절에서 엘리야가 답하고 있다. 엘리야의 답을 보면 아직도 '이세벨의 충격'에서 벗어나지 못하고 있는 것을 볼 수 있다.

하나님을 섬기는 사람이 자기 혼자 남았다고 엘리야가 주장했다. 뒤에서 살펴볼 것이지만 열왕기상 19장 18절에 보면, 바알에게 무릎을 꿇지 않은 사람 7000명을 남길 것이라고 말씀하신다. 이 말은 바알 우상에게 절하지 않은 사람 7000명이 있다는 말이다. 그러면 엘리야는 누구인가? 바로 하나님 앞에서 우상숭배 하지 않은 사람 7000명 중의 하나다. 엘리야 생각에는 자기 혼자만 남은 줄 알았는데 그게 아니라는 말이다.

우리가 믿음생활 할 때, 자주 이런 실수를 한다. 혼자 의인인 줄 안다. 교회 안에서 수군거리고 다른 사람에 대하여 자주 험담하는 사람은 신앙에 중병이 든 것이다. 이런 사람은 자신이 다른 사람보다 의롭다는 것을 험담을 통하여 표현하는 것이다. 자신은 영적으로 건강한데 다른 사람은 건강하지 못하다는 말이다. 혹시 우리의 입에서 다른 사람 비난하고 험담하는 말이 나오고 있다면 급히 고쳐야 한다. 그리고 회개해야 한다. 본문의 엘리야처럼 큰 착각 속에 빠져 있기 때문이다. 누가 이런 죄에 빠질 수 있나? 신앙생활의 연조가 있는 사람들이다. 남보다 더 열심인 분들이 이런 실수를 범하기 쉽다.

목회자들도 설교할 때 조심해야 한다. 어떤 분들은 설교할 때 한국교회가 모두 망할 것처럼 말한다. 말씀대로 온전히 행하지 못해서 큰 문제라는 말한다. 그런 면도 있을 것이다. 그러나 그것이 전부는 아니다. 한국교회가 단점도 많고 흠도 많지만 하나님을 기쁘시게 해드리는 성도들이 훨씬 더 많다. 하나님 앞에 믿음생활을 너무 귀하고 신실하게 하는 분들이 얼마든지 있다. 마치 한국교회 전체가 개혁의 대상인 양 설교하는 것은 심각한 문제다. 나름 유명하다는 사람들이 조심해야 한다. 대부분 그런 사람들의 특징은 교회 밖을 향해서는 말 한마디 하지 못한다. 세상의 부패와 하나님을 향한 죄악의 도전에 대해서는 꿀 먹은 벙어리다. 세상을 향하여 설교하고 외치는 것을 들어보지 못했다. 그런데 교회 내부로 총질하는 것은 너무 잘한다.

하나님은 이런 엘리야에게 계속해서 말씀하신다. 열왕기상 19장 11절로 12절이다.

'11 여호와께서 이르시되 너는 나가서 여호와 앞에서 산에 서라 하시더니 여호와께서 지나가시는데 여호와 앞에 크고 강한 바람이 산을 가르고 바위를 부수나 바람 가운데에 여호와께서 계시지 아니하며 바람 후에 지진이 있으나 지진 가운데에도 여호와께서 계시지 아니하며
12 또 지진 후에 불이 있으나 불 가운데에도 여호와께서 계시지 아니하더니 불 후에 세미한 소리가 있는지라'

하나님은 엘리야에게 산에 서 있으라고 명령하셨다. 그리고 하나님이 엘리야 앞을 지나가셨다. 엘리야 앞을 지나가실 때 하나님 앞에 뭐가 임하고 있는가? 크고 강한 바람이다. 그 크고 강한 바람이 산을 가르고 바위를 부쉈다고 말씀한다. 그러나 우리가 놓치지 말아야 할 말씀은 그 크고 강한 바람 가운데에는 하나님이 계시지 않았다는 사실이다. 또 그 바람 후에 지진이 있었는데 그 지진 가운데에도 하나님은 계시지 않았다. 또 그 지진 후에 불이 있었는데 그 불 가운데도 하나님은 안 계셨다. 그러니까 바람, 지진, 불이 있었는데 그 바람, 지진 불 가운데 하나님은 계시지 않았다.

그런데 놀라운 일이 또 일어나고 있다. 크고 강한 바람, 지진 그리고 불이 지나간 후에 세미한 소리, 세미한 음성이 있었다. 이것은 우리에게 매우 중요한 진리를 보여주는 말씀이다. 하나님은 세미한 음성을 통하여 엘리야를 인도하신다.

열왕기상 19장 11절과 12절 말씀의 직접적인 배경이 무엇인가? 바로 10절이다. 사실 10절에서 엘리야가 하나님께 드린 말씀은 의미심장하다. 엘리야 자신이 하나님의 뜻을 받들어 백성들에게 그렇게 경고하고 생명의 길로 돌아오라고 충고하고 설득했지만 전혀 받아들이지 않았다. 오히려 자신을 죽이려 했다. 그래서 엘리야는 그들을 더 이상 용서할 수 없다고 하나님께 말씀드렸다. 즉 엘리야는 하나님께서 이스라엘을 심판하시기를 바랐다. 무엇으로? 바로 크고 강한 바람과 지진과 불로 심판하기를 원하고 있었다.

그러니까 전체 문맥으로 볼 때 11절로 12절 말씀은 엘리야의 심판요청에 대한 하나님의 답변이었다. 그 답변이 무엇인가? 바람도, 지진도, 불도 아니었다. 그것들 가운데에는 하나님이 계시지 않았다. 오히려 하나님은 그것들이 다 지나가고 난 후에 세미한 소리, 세미한 음성으로 엘리야에게 임하여 말씀하셨다.

그렇다. 이것은 엘리야의 심판요청에 대한 하나님의 응답이었다. 하지만 엘리야가 바라는 대로 임하는 심판의 방법은 아니었다. 사실 지금까지 하나님께서 심판하시는 방법을 보면 많은 부분 바람과 지진과 불을 사용하셨다. 이것은 심판의 방법으로 이적이나 자연적인 재해를 사용하셨다는 의미다. 따라서 이것을 알고 있는 엘리야가 하나님께 이러한 심판을 요청한 것은 전혀 이상한 일이 아니었다.

하지만 하나님은 엘리야에게 그런 심판을 사용하지 않을 것을 말씀하셨다. 그러면 하나님께서는 어떤 방법으로 심판하신단 말인가? 바로 세미한 소리다. 들릴락 말락 하는 작은 소리, 사람들이 눈치 채지 못하는 작은 징조를 통하여 세상을 심판하시겠다고 말씀하셨다.

실제로 엘리야 시대 이후에 하나님께서 세상을 심판하시는 방법의 큰 틀이 바뀌었다. 과거에 하나님의 심판을 보라. 세미한 소리가 아니었다. 소돔과 고모라는 하나님께서 내리시는 바람과 지진과 불에 망했다. 모세 때에 애굽에 내린 하나님의 심판도 바람과 지진과 불을 사용하셨다. 엘리야 때도 마찬가지다. 엘리야 시대 이전, 하나님께서 큰 심판들을 내리실 때에 주로 바람과 지진과 불을 사용하셨다.

그러나 엘리야 이후에 하나님은 세상을 심판하실 때 떠들썩하게 심판하지 않으신다. 바람과 지진과 불을 사용하지 않으신다. 그런 것을 사용하셔서 심판하셨다면 우리들도 이 자리에 없을 것이다. 엘리야 이후 하나님은 세미한 소리, 세미한 음성으로 세상을 심판하신다.

이것은 하나님의 너무나 크신 사랑의 수단임과 동시에 무서운 심판 방법이기도 하다. 왜 그런가? 우리가 죄를 지었는데도 즉각 불로 심판하지 않으시는 것은 하나님의 크신 사랑이다. 그러나 죄를 계속 짓고 살면서도 회개하라고 말씀하시는 하나님의 세미한 소리에 귀를 막는 사람이 있다면 이것은 장차 끔찍한 결과를 가져오게 될 것이다.

실제로 얼마나 많은 사람들이 날마다 죄를 범하면서도 하나님의 세미한 소리를 무시하면서 살고 있는가? 전도서 8장 11절에 보면, **'악한 일에 관한 징벌이 속히 실행되지 아니하므로 인생들이 악을 행하는 데에 마음이 담대하도다.'**라고 말씀한다. 이것은 무서운 말씀이다. 만일 하나님께서 잘못할 때마다 바람과 지진과 불로 심판해 버리시면 회개하지 않을 사람이 별로 없을 것이다. 잘못할 때마다 징벌과 심판이 주어진다면 즉각 회개할 것이다. 그러나 전도서의 말씀대로 악한 일에 징벌이 속히 실행되지 않는다.

이 시대 하나님의 세미한 소리가 무엇인가? 바로 예수님이시다. 예수님은 이 땅에 세미한 소리로 오셨다. 세미한 소리로 인도하시고 또 심판을 선언하신다. 예수님은 전능하신 하나님이시다. 전능하신 하나님이신 예수님이 이 땅에 오실 때 요란하게 오시지 않았다. 세미한 음성으로 오셨다. 아기 예수로 오셨다. 세미한 음성으로 오셔서 성도들의 삶을 인도하신다. 뿐만 아니라 온 세상에 하나님의 심판을 선언하신다.

청소년 전문가들의 조언이 있다. 우리의 자녀들이 잘못했을 때 그들을 망하게 하는 최고의 방법은 '옳은 말'로 꾸짖고 교훈하는 것이라 한다. 일리가 있다. 옳은 말은 평소에 관계가 좋을 때 열심히 해야 한다. 그러나 넘어졌을 때는 그냥 안아줘야 한다.

이것은 하나님이 우리를 다루시는 소중한 방법이다.

하나님께서는 우리가 교만하여 실수했을 때 그래서 아무런 소망이 없어졌을 때에도 인도하신다. 더 놀라운 것은 그 실수와 넘어짐을 이용하여 더 큰 축복의 길로 이끌어 주시고 인도하신다. 영적 육적으로 피곤에 지친 엘리야를 쉼과 떡과 물을 통하여 일으켜 주시고 엘리야에게 계속해서 위대한 사명을 주고 계신다.

더구나 바람과 지진과 불의 역사를 보게 하셨다. 언약을 허물고 제단을 허문 백성들에게 엘리야는 바람과 지진과 불의 심판을 기대했으나 하나님은 오히려 세미한 음성으로 답하고 계신다. 그 때 이후로 하나님은 바람과 지진과 불의 심판을 거두시고 세미한 음성으로 심판하시기 시작하신다. 이 땅에 하나님의 심판을 선포하는데 사용된 가장 세미한 소리가 무엇인가? 바로 예수님이다. 예수님은 하나님의 세미한 소리였다. 세상을 구원하시고 세상을 심판하시는 하나님의 위대한 방법은 바로 세미한 소리로 오신 예수님이셨다. 예수님은 이 땅에 요란하게 오시지 않았다. 요란하게 오셨다면 예수님을 믿지 않을 사람이 없었을 것이다. 예수님은 세미한 소리로 오셔서 세미한 소리로 사시다가 세미한 소리로 십자가에서 죽으셨다.

우리의 귀가 정상이라면 바로 이 예수님이 보여야 한다. 예수님의 음성이 들려야 한다. 예수님의 음성은 요란하지 않다. 큰 소리가 아니다. 세미한 음성이다. 그러나 분명하다. 하나님은 이 음성으로 인도하신다.

토의 문제

1. 믿음생활은 연습이 필요하다. 성경에서는 믿음생활 연습을 경건의 연습이라 말한다. 경건의 연습을 어떻게 하고 있는지 서로 나눠보라.

2. 신앙생활 하면서 넘어지는 것보다 안타까운 것이 없다. 그러나 넘어짐은 있을 수 있다. 넘어졌을 때 다시 일어나는 성경적인 행동 요령이 필요하다. 엘리야의 행동을 근거로 일어나는 행동요령에 대하여 나눠보라.

3. 시험에 들어 넘어졌을 때 하나님의 도우심의 축복을 경험한 일이 있으면 나눠보라.

4. 열왕기상 19장 11절로 12절, '11 여호와께서 이르시되 너는 나가서 여호와 앞에서 산에 서라 하시더니 여호와께서 지나가시는데 여호와 앞에 크고 강한 바람이 산을 가르고 바위를 부수나 바람 가운데에 여호와께서 계시지 아니하며 바람 후에 지진이 있으나 지진 가운데에도 여호와께서 계시지 아니하며 12 또 지진 후에 불이 있으나 불 가

운데에도 여호와께서 계시지 아니하더니 불 후에 세미한 소리가 있는 지라'

여기에 나오는 '세미한 소리'는 하나님의 인도하심의 방법이면서 동시에 심판의 방법이다.
이 두 가지를 나눠보라.

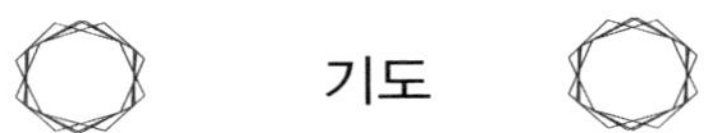

기도

1. 토의 내용을 통하여 하나님께 찬양하고 감사하며 고백하고 회개하라.

2. 토의 내용을 통하여 주신 기도제목을 가지고 간구하라.

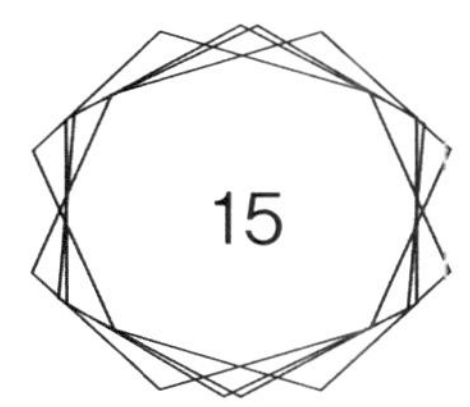

남은 자 칠천 명

(왕상 19:13-18)

우리는 하나님에 대하여 배워야 한다. 하나님을 알아야 한다. 또 하나님이 일하시는 방법도 알아야 한다. 성경은 그것을 영생의 본질, 영원한 생명의 본질이라 한다.

요한복음 17장 3절이다. **'영생은 곧 유일하신 참 하나님과 그가 보내신 자 예수 그리스도를 아는 것이니이다.'**

하나님과 하나님이 보내신 자 예수님을 아는 것이 중요한 이유다. 우리가 하나님을 알아가는 것은 역시 우리를 위함이다. 우리가 하나님을 알아간다고 해서 하나님께 큰 도움이 되는 것이 아니다. 원래 하나님은 하나님이 가지고 계신 영광을 당신의 형상을 닮은 인간피조물에게 나누어 주기를 원하셨다. 이것은 하나님의 무한 사랑이다. 하지만 인간의 타락으로 인하여 영광에 참여하는 것이 무산 되었다.

곰곰이 생각하면 세상에서 가장 큰 바보짓을 아담과 하와가 저지른 것이다. 하지만 하나님의 깊고도 무한한 사랑으로 그 영광을 다시 누리게 되었다. 하나님께서 우리에게 나눠 주시는 그 영광의 핵심이 바로 영생이다. 영원한 생명이다.

하나님께서 일하시는 방법을 아는 것도 마찬가지다. 하나님의 일이 무엇인가? 요한복음 6장 28절로 29절에 보면, 하나님이 보내신 예수님을 믿는 것이 하나님의 일이라 말씀한다. 하나님의 일하심의 방법을 알 때 역시 영원한 생명을 경험하고 누리게 된다.

엘리야의 넘어짐 사건 이후로 하나님께서 역사하시는 방법, 특별히 심판하시는 틀이 바뀌었다. 엘리야 이전의 시대에 하나님께서 심판하시고 역사하실 때 기적적인 방법을 많이 사용하셨다. 특히 바람과 지진과 불을 통하여 하셨다. 즉 자연의 이적을 통하여 일하셨다. 그런데 엘리야 이후로는 그렇게 하지 않으시고 주로 세미한 소리를 통하여 역사하셨다. 즉 하나님께서는 지금도 하나님의 세미한 음성, 세미한 말씀을 통하여 일하신다.

따라서 성도들은 이 세상에서 살아갈 때에 하나님의 세미한 소리를 들어야 한다. 그리고 그 음성에 순종하는데 힘써야 한다. 기록된 말씀인 성경을 읽을 때에 마음 문을 활짝 열어야 한다. 약속 된 말씀을 통하여 암송하고 묵상할 때도 영적인 귀를 기울여야 한다. 강단에서 하나님의 말씀이 선포될 때도 주의를 기울여 들어야 한다. 하나님의 말씀이 선포되는 자리를 소중히 여기지 않으면 안 된다.

특히 날마다 교회에서 진행되는 새벽기도회는 중요하다. 하루 첫날, 첫 시간에 하나님 앞에 나와서 하나님의 말씀을 듣기 때문이다. 세미한 하나님의 음성을 들을 수 있는 절호의 기회이기 때문이다. 하나님이 들려주시는 세미한 소리를 들을 때 바른 기도가 가능하다. 주신 말씀을 붙잡고 기도할 수 있는 것이 얼마나 아름다운 일이며 축복인가!

그 뿐이 아니다. 하나님께서 주일날마다 예배드릴 때에 주시는 귀한 말씀이 있다. 모두가 세미한 하나님의 소리요 음성이다. 수요일에도 하나님께서 주시는 세미한 소리가 있고 금요일에도 있다. 하나님은 고린도후서 6장 2절에서 **'이르시되 내가 은혜 베풀 때에 너에게 듣고 구원의 날에 너를 도왔다 하셨으니 보라 지금은 은혜 받을 만한 때요 보라 지금은 구원의 날이로다.'**라고 말씀하셨다. 이런 축복이 현재 우리에게 있다. 언제까지 보장 될 지 알 수 없다. 그러나 지금은 마음만 먹으면 주님의 세미한 음성을 들을 수 있는 상황이다. 원하기는 온 세계 사람들이 주님께서 재림하실 때까지 이런 복을 누렸으면 좋겠다.

엘리야의 무지(왕상 19:13-14)

주님께서 주시는 세미한 소리를 바르게 또 열심히 듣는 사람들이 신앙생활을 잘한다. 또 믿음생활을 하면서 시험에 들지도 않는다. 시험에 들어도 회복 속도가 빠르다. 그러나 주님께서 들려주시는 세미한 소리를 듣는 일에 무관심하고 열심을 내지 않는 사람들은 믿음생활이 시원치 않다. 뿐만 아니라 연약한 사람이 감기에 잘 걸리듯, 시험에 자주 든다. 시험에 들어 넘어져 안타까운 상황에 계속 빠진다. 또 시험에 들면 회복 속도도 느리다.

본문인 열왕기상 19장 13절과 14절을 보라.

'13 엘리야가 듣고 겉옷으로 얼굴을 가리고 나가 굴 어귀에 서매 소리가 그에게 임하여 이르시되 엘리야야 네가 어찌하여 여기 있느냐
14 그가 대답하되 내가 만군의 하나님 여호와께 열심이 유별하오니 이는 이스라엘 자손이 주의 언약을 버리고 주의 제단을 헐며 칼로 주의 선지자들을 죽였음이오며 오직 나만 남았거늘 그들이 내 생명을 찾아 빼앗으려 하나이다.'

하나님께서 엘리야에게 다시 질문하시는데, 앞에 10절에 나왔던 말씀이 반복되고 있다.
이 말씀의 의미가 무엇인가? 엘리야가 아직도 하나님의 의도를 파악하지 못하고 있는 듯 보인다. 지금까지는 하나님께서 바람과 지진과 불로 임하셨고 인도하실 때나 심판하실 때에 그런 것들을 사용하셨지만 이제는 세미한 음성으로 인도하신다는 의미를 분별하지 못하고 있다.
만일 엘리야가 하나님께서 이제부터 바람과 지진과 불로 역사하시고 심판하시는 대신 세미한 소리로 하신다는 것을 이해했다면 똑같은 내용의 푸념을 하지 않았을 것이다.

엘리야는 자신이 하나님 앞에 열심이 유별나다고 또 말하고 있다. 앞에 10절에서 했던 말이다. 너무 귀한 믿음의 사람이다. 성도는 이런 축복을 누려야 한다. 오직 하나님이 전부인 것이다. 하나님은 그 마음에 1번이 되신다. 그러나 엘리야는 이스라엘 백성들이 모두 우상을 숭배하고 하나님을 떠났다고 말하고 있다. 엘리야는 하나님을 진실 되게 믿는 성도들이 모두 순교했고 자신만 남았으며 이제는 못 된 왕과 왕비가 자신도 죽이려고 찾고 있다고 하나님께 말씀드리고 있다.

엘리야는 하나님께서 백성들을 심판하시기를 기대했다. 바람과 지진과 불의 심판을 요청했다. 그러나 하나님이 바람과 지진과 불 가운데 계시지 않으셨다. 오히려 세미한 음성으로 엘리야에게 말씀하셨다. 하지만 엘리야는 이것을 이해할 수 없었다. 엘리야의 생각으로는 하나님께서 이런 배은망덕한 백성들은 당연히 바람과 지진과 불로 심판하셔야 했다. 그러나 하나님은 오히려 세미한 소리로 해결하시겠다고 말씀하고 계신다.

너무나 감사하지 않은가? 엘리야가 하나님의 의도를 이해하지 못했어도 하나님께서는 인내심을 가지고 끝까지 엘리야에게 설명해 주고 계시니 말이다. 우리가 미련해서 하나님의 뜻을 속히 이해하지 못할 때 하나님은 우리에게 진노하시는 분이 아니다. 한 번에 안 되면 두 번 세 번이라도 하나님은 설명해주시고 이해시켜 주신다. 우리의 마음이 하나님 앞에 바르고 정직하다면 하나님은 그 수고를 아끼지 않으신다.

우리가 철모르는 자녀들을 키우고 가르치듯이 하나님도 우리를 그렇게 가르치신다. 따라서 우리가 인생길에서 나아갈 방향을 잘 모를 때, 서두를 것 없다. 이해가 되지 않으면 하나님께 두 번 아니라 세 번이라도 여쭈어 보면 된다. 이해가 되지 않는다고 말씀드리면 되는데 우리는 그 과정을 생략하고 서두르다가 낭패를 당할 때가 많다.

우리의 영적인 눈과 귀가 둔해서 세미한 음성을 이해하지 못하면 다시 기도해야 한다. 반복해서 하나님께 여쭤 봐도 하나님은 나무라지 않으신다. 오히려 깨닫게 하시고 세미한 소리를 반복해서 들려주심으로 하나님의 뜻을 발견하게 하신다. 하나님을 알게 하셔서 영원한 생명, 구원을 경험하고 누리게 하신다.

누가복음 18장에는 불쌍한 과부가 완고한 재판장에게 자신의 원한을 풀어달라고 반복해서 간청하는 이야기가 나온다. 그 완고한 재판장은 나중에는 과부의 반복되는 간청이 귀찮아서 그 원한을 풀어준다고 말씀한다.

예수님은 이 말씀을 하시면서, 그렇게 완고한 재판장도 과부의 간청을 귀찮아서라도 들어주는데 하물며 하늘에 계신 우리 아버지께서 사랑하는 자녀들이 기도할 때 들어주시지 않겠느냐고 말씀하셨다.

이 시대에 하나님이 들려주시는 세미한 음성을 듣고 살아가는 사람들이 어디 있는가? 또 얼마나 있는가? 그런 사람들은 하나님께 영광

돌리는 삶을 산다. 소중한 인생을 허비하지 않는다. 하지만 하나님의 세미한 소리를 무시하고 하나님의 뜻과 상관없는 인생을 살아간다면 미래가 암울하다. 쓴 물과 쓴 뿌리를 먹으면서 허탈감에 빠지는 인생이 될 뿐이다.

우리는 세월을 아껴야 한다. 사실 시간이라는 요소는 특별한 것이 없다. 그냥 반복된다. 하루 지나면 일주일이 되고 일주일 지나면 한 달이 되고 일 년이 되고 또 다시 반복된다.

하나님을 모르는 사람들은 그 시간 속에서 일어나는 일상적인 일과 그 변화에 최고 가치를 둔다. 사업이 얼마나 잘 되고 있는지, 주말에 어떤 즐거운 일을 할지, 아이들이 얼마나 커 가는지 또 얼마나 좋은 대학과 직장에 들어가는지, 집안에 어떤 행사들이 있는지 등에만 삶의 관심을 가진다. 그런 삶에 최고의 가치를 두면서 살아간다.

그러나 성도들은 어떠해야 하는가? 성도들 역시 외면적으로는 불신자들과 삶이 대동소이하다. 세상에서 살아가면서 무시할 수 없는 삶의 내용들이기 때문이다. 중요한 사실은 우선순위의 문제다. 즉 성도들은 그런 세상 관심사들에 최고의 가치를 두지 않는다. 다시 말하지만 그런 일들이 가치 없다는 말이 아니다. 하나님의 백성들에게 있어서 삶의 최고 가치는 하나님이 의도하시는 삶을 살아내고 있느냐이다. 따라서 내가 하고 있는 일이 하나님의 뜻 안에 있는지를 점검할 뿐만 아니라 하나님의 뜻을 좇아 살고 있는지를 항상 살펴야 한다. 하나님의 인도하심을 받고 살아야 한다.

이것은 중요한 기도 제목이다. 세미한 주님의 음성을 듣게 해 달라고 기도해야 한다. 그 음성을 듣고 순종할 수 있는 성령의 능력을 부어달라고 기도하는 것이 중요하다. 아니 이런 기도를 하는 것 자체가 축복이고 능력이다.

하나님께서 일하시는 방법을 바꾸겠다고 하신 것을 이해하지 못했던 엘리야는 순수한 마음으로 다시 한 번 하나님께 자신의 생각을 말씀드리고 있다. 하나님은 그런 엘리야에게 나무라지 않으시고 친절하게 답변해 주신다. 부모로서 어린 아이를 키울 때를 회상해 보라. 아이가 무엇을 하는데 서투를 때 야단치거나 무안을 주는 부모가 있다면 그 부모에게 문제가 있는 것이다. 지혜롭고 슬기로운 부모는 자녀가 중요한 교훈을 배울 때까지 인내한다. 친절하게 가르쳐준다. 하나님은 언제나 그렇게 하셨다. 하나님은 엘리야에게 당신이 일하시는 방법이 바뀌었음을 가르쳐 주고 계신다.

다시 원점으로(왕상 19:15)

열왕기상 19장 15절이다.

'여호와께서 그에게 이르시되 너는 네 길을 돌이켜 광야를 통하여 다메섹에 가서 이르거든 하사엘에게 기름을 부어 아람의 왕이 되게 하고'

이 말씀 속에서 우리가 살펴보아야 할 중요한 요점은 이것이다. 즉 하나님께서 엘리야에게 세미한 음성을 통하여 사명을 주신다. 그 내용은 광야를 통과하여 다메섹이라는 곳으로 가서 하사엘이라는 사람에게 기름을 부어 아람의 왕이 되게 하라는 것이다.

우리는 이 내용을 살펴보기 전에 한 가지를 주목해야 한다. 그것은 다메섹으로 가라는 말씀이다. 다메섹이 어디인가? 열왕기상 19장 1절 이하를 보면 알 수 있다. 그때 엘리야가 이세벨의 위협을 피해서 어디로 도망쳤다고 했는가? 바로 남쪽 끝에 있는 브엘세바다. 즉 북쪽 끝에서 남쪽 끝까지 도망을 쳤었다.

우리나라 상황으로 바꾸면 백두산에서 한라산까지 도망을 친 것과 같다. 그런데 오늘 하나님께서 말씀하시는 다메섹은 어디인가? 바로 엘리야가 도망쳐 온 이스라엘 북단보다 더 북쪽에 있는 지역이다. 그러니까 우리나라 백두산보다 더 위라면 아마 두만강 정도가 될 것 같다.

그러니까 사실 엘리야가 이세벨의 위협에 쫓겨 도망치지 않았으면 하나님의 일을 하는데 그렇게 큰 고생을 할 필요가 없었다는 말이다. 백두산에서 간단하게 두만강으로 가면 되는데 한라산까지 내려 왔다가 결국 다시 백두산을 거쳐 두만강까지 가게 되었다는 말이다.

사람의 생각과 하나님의 생각이 부딪칠 때 사람의 생각이 옳은 것 같을 때가 너무 많다. 이것은 누구도 부정하지 못할 것이다. 엘리야는 이세벨이 자신의 생명을 위협해 올 때 도망치는 방법 이외에는 별 뾰족한 수가 없다고 생각했다. 하나님의 얼굴로부터 시선이 떠나자 목숨의 위협을 느껴 그렇게 생각하고 말았다. 그러나 결과를 보라. 자기가 있던 곳으로 다시 돌아가서 원점부터 시작하고 있다.

이 말씀 속에서 귀중한 교훈을 배워야 하지 않겠는가? 지름길이라고 생각했는데 알고 보니 더 돌아간 길이라면 속상하지 않겠는가? 우리 생각이 옳다고 확신하고 하나님의 뜻을 외면했는데 알고 보니 원점이라면 속상하지 않겠는가? 신앙생활을 지도하다 보면 도무지 하나님의 길을 받아들이려고 하지 않는 분들이 있다. 신앙생활을 건성으로 하지 말고 열심히 하자고 해도 시큰둥하다. 주일을 거룩하게 지키지 않고 살아가는 삶은 결국 원점이라 해도 여전히 주일을 소홀히 여긴다. 십일조를 드리지 않는 신앙생활을 하면 결국 원점이라 말해도 요지부동이다. 경제적으로 더 잘 살아 보려고 그런 시도를 하지만 다시 원점으로 돌아와야 한다는 것을 알아야 한다.

어떤 분들은 자신의 목적 달성을 위하여 동서남북으로 정신없이 돌아다닌다. 그러나 분명한 목적이 무엇인지 모르기 때문에 방향을 제대로 잡지 못한다. 그러니 백 날 돌아다녀 봐도 그 자리를 벗어날 수가 없다. 그냥 원점이다. 세월만 흘러가지 장소는 항상 원점이다. 이런 사람은 '다람쥐 쳇 바퀴 돌듯 하는 인생'이 된다.

이런 인생을 살면 안 된다. 하나님의 길로 바르게 가야 한다. 자기 뜻대로 그 길을 가봤자 다시 돌아오게 된다. 열심히 해봤자 원점이므로 다시 시작해야 한다.

이스라엘 백성들의 역사를 볼 때 이 교훈을 절절히 배울 수 있다. 원래 하나님은 이스라엘을 누구 때부터 그리고 어디서부터 인도하셨는가? 바로 아브라함 때에 아브라함을 바벨론에서 불러내셨다. 그러나 이스라엘 역사를 보라. 이스라엘이 하나님의 뜻을 따라 순종하지 못하고 망해서 어떻게 되었나? 수많은 백성들이 다시 바벨론으로 포로가 되어 끌려가지 않았는가? 이 엄청난 이야기를 명심해야 한다. 이스라엘 백성들이 바벨론으로 끌려가면 안 된다. 그곳은 원래 그들의 조상이 나왔던 곳이다. 그 바벨론은 망하는 장소다. 우상숭배의 자리다. 그들은 하나님의 음성에 불순종해서 그렇게 원점으로 가버린 것이다. 그것도 당당하게 들어간 것이 아니라 포로로 끌려갔다.

출애굽한 이스라엘 백성들의 이야기도 의미심장하다.
광야생활을 하면서 이스라엘 백성들은 수도 없이 하나님을 거역하고 배반했다. 물이 없으면 물이 없다고 하나님께 원망하고 불평했다. 고기를 먹고 싶다고 또 하나님께 원망하고 불평했다. 그런데 참 신기한 일은 하나님을 배반하고 거역할 때마다 이 사람들이 시도하는 반역의 행위가 있다. 그게 무엇인가? 바로 애굽으로 다시 돌아가자는 말이다.

대표적인 사건이 12명의 정탐꾼이 가나안 땅을 정탐하고 돌아왔을 때다. 10명대 2명으로 갈라졌다. 2명은 여호수아와 갈렙이었다. 이 사람들은 하나님의 편에 서 있었다. 하나님의 길을 따라 걷는 사람들이었다. 그런데 10명은 하나님의 뜻을 거역했다. 그리고 백성들을 선동했다. 10명의 선동에 백성들이 넘어갔다. 한 나라와 민족이 망하느냐 망하지 않느냐는 못된 사람들의 '선동'에 넘어가느냐 넘어가지 않느냐다. 못된 사람들의 선동을 구별할 줄 모르면 모두 망하는 것이다. 육적으로나 영적으로나 마찬가지다. 10명의 선동에 넘어간 이스라엘 백성들이 뭐라고 하는가? 민수기 14장 3절로 4절이다.

'3 어찌하여 여호와가 우리를 그 땅으로 인도하여 칼에 쓰러지게 하려 하는가 우리 처자가 사로잡히리니 애굽으로 돌아가는 것이 낫지 아니하랴 4 이에 서로 말하되 우리가 한 지휘관을 세우고 애굽으로 돌아가자 하매'

세상에 이런 어리석은 사람들이 또 있을까? 하나님의 뜻을 분별하기 싫어하고 내 생각과 맞지 않아 하나님께 불순종한다면 누구든지 이런 부류에 속하게 된다.

매 주일 예배시간마다 하나님께서 말씀하시는 세미한 소리 세미한 음성에 귀 기울여 보라. 그 방향을 분명히 보여 주신다. 그 방향이 틀림없다. 그 세미한 소리로 들려주시는 방향을 무시하면 아무리 부지런히 돌아다녀도 항상 원점을 벗어날 수 없다.

자기 생각대로 돌아다닐 때 뭔가 손에 잡히는 것이 있긴 하다. 아이들도 잘 크고 사업도 문제가 없다. 그러나 그런 것에 속으면 안 된다. 왜냐하면 결국 원점이요 제자리이기 때문이다.

어떤 분들은 이렇게 열심히 설명을 해 드려도 말을 듣지 않는다. 방향을 잘못 잡은 줄도 모르고 평생을 열심히 돌아다닌다. 그러나 평생을 돌아다녀도 방향이 잘못되었기 때문에 종착역은 항상 출발했던 그 자리다.

교회에 다니지 않는 사람들은 말할 필요도 없다. 예수님을 모르는 분들은 대부분 자기 소견에 옳은 대로 살아간다. 그러나 단언하건데 결과는 항상 제자리다. 앞으로 나아갈 수 없다. 백두산에서 내려와서 한라산까지 갔지만 다시 백두산으로 가야하는 것이다. 열심히 갔는데 제자리, 바벨론에서 나와서 겨우 간곳이 바벨론이 되는 것이다.

사명을 주시는 하나님(왕상 19:15-17)

하나님은 엘리야에게 세미한 소리로 말씀하셨다. 그 말씀의 내용이 무엇인가? 열왕기상 19장 15절로 16절이다.

'15 여호와께서 그에게 이르시되 너는 네 길을 돌이켜 광야를 통하여 다메섹에 가서 이르거든 하사엘에게 기름을 부어 아람의 왕이 되게 하고 16 너는 또 님시의 아들 예후에게 기름을 부어 이스라엘의 왕이 되게 하고 또 아벨므홀라 사밧의 아들 엘리사에게 기름을 부어 너를 대신하여 선지자가 되게 하라'

이 말씀을 보면 하나님께서 세미한 소리로 엘리야에게 사명을 주신다. 그런데 그 사명은 하나님의 심판이다. 죄를 범한 백성들과 왕을 어떻게 심판하실 것인지를 세미한 소리로 말씀하신다. 사명을 주심으로 말씀하시는데, 세 가지다.

첫째는 다메섹으로 가서 하사엘에게 기름을 부으라. 둘째는 예후에게 기름을 부어 이스라엘 왕이 되게 하라. 그리고 셋째는 엘리사에게 기름을 부어 엘리야를 대신하여 선지자가 되게 하라는 말씀이었다. 즉 하사엘, 예후 그리고 엘리사에게 무엇을 하라는 것인가? 기름을 부으라는 것이다. 이 기름을 붓는 행동은 왕이나 선지자 그리고 제사장을 세울 때 하는 일이다.

특별히 앞에 두 사람 하사엘과 예후에게 기름을 부어 왕을 세우라는 세미한 말씀은 죄를 범한 왕들을 심판하시겠다는 것이다. 왕을 강제로 폐위시킴으로 심판하시겠는 말씀이다.

제일 먼저 말씀하신 하사엘이라는 사람이 누구인가? 하사엘은 아람나라의 궁내대신이다. 이 때 아람나라의 왕은 벤하닷이다. 이 벤하닷은 이스라엘 왕 아합과 사이가 좋았다. 물론 일시적으로 좋았다. 하나님은 본격적으로 그 둘의 관계를 적대 관계로 만들어 버리셨다. 그러기 전에는 서로 가짜 평화의 관계가 지속되었다. 그래서 이 두 나라는 서로 동맹을 맺었고 그 동안 잠깐의 평화가 있었다. 이 두 나라가 사이좋게 지내니까 다른 나라들도 이 나라들을 건드리지 못했다. 하지만 이 평화는 하나님이 주시는 평화가 아니었다. 우상을 섬기고 하나님의 뜻대로 살지 않는 가운데 찾아온 일시적인 거짓 평화였다. 이런 일시적인 평화가 하나님에 의하여 깨어지고 있다. 열왕기상 20장부터 아람의 이스라엘 침략이 시작되고 또 열왕기하 8장에 보면 신하였던 하사엘이 왕인 벤하닷을 죽이고 자신이 왕이 된다. 이처럼 하사엘이 하나님의 심판의 도구가 되었다.

두 번째로 말씀하신 예후라는 사람은 누구인가? 이 예후는 아합 왕 밑에 있던 군대 장관이다. 하나님은 이제 아합 왕조를 끝장내려 하신다. 하나님의 뜻을 좇지 않고 우상을 섬기는 아합 왕의 종말이 다가오고 있다. 우상을 숭배하던 아합 왕은 나라가 평온한 것을 자신의 능력 때문으로 또 바알 우상의 은혜로 생각했다. 하나님을 섬기지 않아도 얼마든지 잘 살 수 있다고 착각하고 있었다.

열왕기하 9장에서 하나님은 아합 왕이 죽은 다음 그 아들 요람이 왕이 되었을 때 군대 장관이었던 예후가 요람 왕을 죽이고 왕이 되게 하신다. 우상을 섬기고 살았던 왕가와 백성들을 하나님께서 심판하셨다. 그리고는 원래의 자리, 원점으로 돌아오게 하셨다. 아합 가문은 인생 장사를 헛한 것이다.

본문에서 계속 이어지는 말씀이 아주 중요하다.

열왕기상 19장 17절이다. **'하사엘의 칼을 피하는 자를 예후가 죽일 것이요 예후의 칼을 피하는 자를 엘리사가 죽이리라'**

하나님의 세미한 소리의 내용이 무엇인가? 바알 우상을 섬기고 하나님을 버린 사람들에게 하나님께서 하사엘과 예후를 통하여 심판하시겠다고 말씀하신다. 그리고 그 심판을 겨우 피한 자들은 최후에 엘리야의 후계자인 엘리사를 통해서 심판하신다고 말씀한다. 이것은 이해하기 힘든 말씀이다. 엘리사는 칼을 휘두르는 사람이 아니다. 엘리사는 선지자다. 그러나 열왕기하 2장부터 등장하는 엘리사는 엘리야와 달리 대규모 전쟁에도 개입을 한다. 실제로 죄를 짓는 사람들을 엘리사가 심판하고 있다.

따라서 이 말씀을 통해 성도들에게 주시는 하나님의 세미한 음성을 들어야 한다. 하나님은 예수님의 재림까지 세미한 소리, 세미한 음성으로 온 세상을 다스리신다. 하나님의 그 세미한 말씀에 우리가 순종하면서 살 때 우리는 인생의 바른 길을 걸어갈 수 있다.

그러나 우리가 하나님의 세미한 소리를 무시하고 살면, 내 마음대로 살면 인생은 언제나 제자리다. 원점이다. 뿐만 아니라 하나님은 우리에게도 하사엘을 보내시고 예후를 보내시고 또 엘리사를 보내셔서 심판하신다.

그렇다면 우리에게 하사엘이 누구인가? 바로 불신자다. 하사엘은 이

방 사람이었다. 하나님이 불신자를 사용하셔서 우리를 대적하게 만든다는 의미다. 예수님을 섬기는 하나님의 백성들이 하나님의 세미한 소리를 듣지 않으면 하나님은 예수님을 믿지 않는 사람들을 일으키셔서 문제를 만나게 하신다. 그러니까 회사나 공동체에서 나를 못 마땅해 하고 나를 대적하는 사람들이 자꾸 일어나고 있다면 우리의 믿음을 뒤 돌아보는 계기로 삼아야 한다.

이것을 이해하지 못하면 배가 아픈데 효과 없는 빨간 소독약만 계속 바르는 격이 된다. 배가 아프면 배 아픈데 듣는 약을 써야지, 상처 난 데 바르는 빨간약을 써서야 되겠는가?

그렇다면 예후는 또 누구인가? 예후는 믿는 사람을 상징한다. 예후는 이스라엘 사람이었다. 하나님께서 믿는 성도를 사용하셔서 우리를 대적하게 만든다는 의미다. 하나님의 세미한 소리를 계속적으로 거부하고 불순종한다면 하나님은 불신자 하사엘을 일으켜서 우리를 대적하게 만드실 뿐만 아니라, 믿는 사람들 중에 예후 같은 사람을 일으켜서 우리를 대적하게 만든다. 왜 그렇게 하실까? 우리의 생활 영역 모든 곳에서 문제를 만나게 하시려는 것이다. 그래서 교회 밖에도 교회 안에도 대적자가 생기게 하신다.

평소에 교회 안에서 그렇게도 믿었던 사람이 갑자기 등을 돌린다. 인상을 쓰고 인사를 해도 안 받는다. 교회에 가면 반갑게 맞아주고 이야기도 많이 하곤 했는데 언제 부터인가 좀 이상하다. 별것도 아닌 일 가지고 섭섭한 감정을 드러내고 속을 뒤집어 놓는다. 이런 일이 계속 일어나고 있다면 우리의 신앙을 점검해야 할 때다.

그 더 큰 징계가 무엇인가? 오늘 하나님은 본문 말씀에서 하사엘의 칼을 피하는 자를 예후가 죽일 것이요 예후의 칼을 피하는 자를 엘리사가 죽이리라고 말씀하셨다. 바로 엘리사를 보내신다고 말씀한다.

엘리사가 누구인가? 엘리사는 바로 말씀을 전하고 목회를 하는 목회자를 뜻한다. 하나님께서 목회자를 사용하셔서 우리를 대적하게 만든다는 의미다. 이것이 무슨 의미인가?

하나님이 주시는 세미한 소리를 계속 불순종하니까 하나님은 불신자 하사엘을 일으키셔서 대적하게 만드시고 그래도 듣지 않으니까 이번에는 믿는 성도들을 일으키셔서 힘들게 하신다. 그래도 듣지 않으면 목회자를 들어서 우리를 대적하게 하신다는 말이다. 목회자는 원래 성도들을 책망하는 것보다는 위로하고 격려하고 보살피는 일을 하는 사람들이다. 원래 목자라는 말이 양을 치는 사람이라는 뜻이다. 목자는 양을 돌보고 양을 보살핀다. 사실 대부분의 양떼들인 성도들은 목회자들을 통하여 하나님의 말씀인 생명의 꼴을 공급받고 행복하게 산다.

그러나 하나님의 세미한 소리를 계속 불순종하는 성도들은 세상에서도 적을 만나고 교회 안에서도 적을 만난다. 더구나 결정적인 것은 목회자에게도 책망을 받는다. 목회자를 통하여 강단에서 흘러나오는 말씀을 통하여 대부분의 성도들이 생명의 양식을 공급 받지만 하나님의 세미한 소리를 계속 불순종하는 성도들은 생명의 꼴을 공급받지 못한다. 똑같은 설교인데 그 설교 말씀이 생명의 꼴이 아니라 자꾸 귀에 거슬린다. 자기를 계속 책망한다. 설교 듣는 것이 너무 짜증이 나고 괴롭게 된다. 이런 것이 하나님의 심판이다. 설교자를 통하여 선포되는 하나님의 말씀은 생명의 양식이어야 한다. 하나님의 세미한 음성에 귀 기울이는 성도에게 하나님이 주시는 영광의 선물이다. 그러나 하나님의 세미한 음성을 외면하는 사람들은 인생의 제자리를 계속 맴돌 뿐이다.

본문 18절에는 남은 자 칠천 명 이야기가 나온다.

'그러나 내가 이스라엘 가운데에 칠천 명을 남기리니 다 바알에게

무릎을 꿇지 아니하고 다 바알에게 입 맞추지 아니한 자니라' 이런 사람들이 바른 성도다. 세미한 하나님의 음성을 듣고 멋진 인생을 살아가는 사람들이다. 이 숫자는 요한계시록에 나오는 144,000명과 같은 의미로 사용된 것이다. 진정한 하나님의 백성들이다.

이 사람들의 특징이 무엇인가? 하나님이 주시는 세미한 음성을 알아듣는 사람들이다. 세미한 음성 듣기를 사모하는 사람들이다. 말씀의 자리에 모이기를 힘쓰는 사람들이다. 성경을 통하여 하나님이 주시는 세미한 소리를 놓치면 희망이 없다. 하나님은 지금도 이 세상에 세미한 소리로 계속 말씀하신다.

예수님은 성경에서 '귀 있는 자는 들으라.'는 말씀을 수 없이 하셨다. 여기 말씀하시는 귀는 하나님의 세미한 음성을 들을 수 있는 귀를 말한다. 수많은 소리가 이 세상에 있다. 수많은 귀도 존재한다. 그러나 하나님이 성경을 통하여 말씀하시는 세미한 음성을 들을 수 있는 귀는 많지 않다. 이 음성을 듣지 못하면 어떻게 되는가? 이 세미한 소리를 들을 수 없는 사람은 어떻게 되는가? 자기소견에 옳은 대로 살아간다. 백약이 무효다. 예수님을 알지 못하는 사람들은 아예 하나님의 세미한 음성을 부정해 버린다. 안타깝다. 그러나 더 안타까운 일이 있다. 바로 교회 안에 있는 성도라 하는 사람들이 하나님의 세미한 음성을 무시하는 일이다.

하나님의 음성을 외면하면 헛된 인생, 원점 인생을 살아간다.

헛수고의 인생을 살아간다. 백두산에서 한라산까지 내려왔다가 다시 두만강으로 올라가는 인생을 상상해보라. 그냥 백두산에 남아 있었으면 두만강까지 가는 것이 아주 쉽다. 하나님의 세미한 음성을 외면하고 자기 생각대로 고집을 부리면 헛수고 인생길을 걸을 수밖에 없다.

그러나 여기 남은 자 칠천 명은 하나님의 은혜를 받은 사람들이다. 주님의 세미한 음성을 들을 줄 아는 사람들이다. 오히려 하나님의 세미한 음성을 듣고 세상 사람들에게 전달하는 사람들이다. 이런 남은 자의 삶을 살아가는 복을 누리자.

토의 문제

1. 요한복음 6장 28절로 29절에서 말씀하는 '하나님의 일'에 대하여 나눠보라.
'28 그들이 묻되 우리가 어떻게 하여야 하나님의 일을 하오리이까 29 예수께서 대답하여 이르시되 하나님께서 보내신 이를 믿는 것이 하나님의 일이니라 하시니'

2. 하나님이 보내신 이인 예수님을 알아가려는 노력을 어떻게 하고 있는지를 나눠보라.

3. 열왕기상 19장 13-14절에 나오는 '만군의 하나님 여호와께 열심이 유별하오니'라는 말씀의 의미를 나눠보라.

4. 열왕기상 19장 15절, '여호와께서 그에게 이르시되 너는 네 길을 돌이켜 광야를 통하여 다메섹에 가서 이르거든 하사엘에게 기름을 부어 아람의 왕이 되게 하고'
'다메섹으로 가라'는 말씀과 '원점'의 관계를 나눠보라.

5. 열왕기상19장 15-18절에서 하나님은 엘리야에게 세 가지 사명을 주신다. 세 가지 사명의 적용을 나눠보라.
'15 여호와께서 그에게 이르시되 너는 네 길을 돌이켜 광야를 통하여 다메섹에 가서 이르거든 하사엘에게 기름을 부어 아람의 왕이 되게 하고 16 너는 또 님시의 아들 예후에게 기름을 부어 이스라엘의 왕이 되게 하고 또 아벨므홀라 사밧의 아들 엘리사에게 기름을 부어 너를 대신하여 선지자가 되게 하라 17 하사엘의 칼을 피하는 자를 예후가 죽일 것이요 예후의 칼을 피하는 자를 엘리사가 죽이리라 18 그러나 내가 이스라엘 가운데에 칠천 명을 남기리니 다 바알에게 무릎을 꿇지 아니하고 다 바알에게 입 맞추지 아니한 자니라'

기도

1. 토의 내용을 통하여 하나님께 **찬양하고** 감사하며 고백하고 회개하라.

2. 토의 내용을 통하여 주신 기도제목을 가지고 간구하라.

여호와께서 모세에게 말씀하여 이르시되 은 나팔 둘을 만들되 두들겨
만들어서 그것으로 회중을 소집하며 진영을 출발하게 할 것이라

(민 10:1–2)

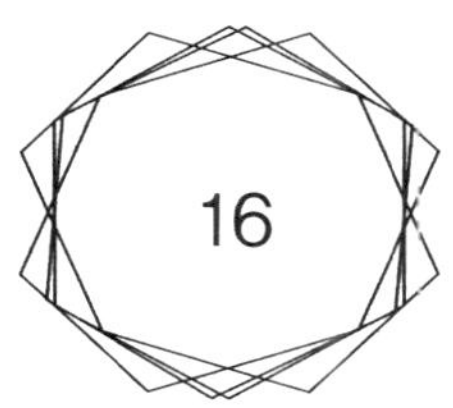

엘리야와 엘리사의 만남

(왕상 19:19-21)

사도행전 17장 26절에 보면 너무나 귀한 말씀이 기록되어 있다. '26 **인류의 모든 족속을 한 혈통으로 만드사 온 땅에 살게 하시고 그들의 연대를 정하시며 거주의 경계를 한정하셨으니.'**

네 가지를 말씀한다. 첫째는 인류의 모든 족속을 한 혈통으로 만드셨다. 둘째는 온 땅에 거하게 하셨다. 셋째는 우리의 수명을 정하셨다. 넷째는 거주의 경계를 정하셨다고 말씀한다.

이 네 가지를 모두 하나님이 하셨다. 하나님은 전능하신 창조주시다. 성도는 이 진리를 굳게 믿는 사람들이다. 흑인이나 백인이나 황인들의 피는 모두 붉은 색이다. 이것은 한 혈통으로 창조되었다는 분명한 증거다. 족보가 어떻고 인종이 어떻고 해도 인류의 조상을 훑어 올라가면 아담이다. 아담은 하나님이 맨 처음에 창조하신 인류의 시조다. 아담 이후의 인류가 살아오면서 어떤 이유로 피부색이 다양하게 되었는지는 몰라도 피는 붉은 색이다. 즉 한 혈통으로 창조하셨다.

또 온 땅에 거하게 하셨다고 말씀한다. 이 지구상에 어디를 가 봐도 사람 살지 않는 곳이 없다. 아프리카, 유럽, 아메리카, 아시아에 붉은 피를 가지고 있는 사람들이 골고루 살고 있다. 아프리카 오지를 갔는데, 거기에도 사람들이 살고 있었다. 참으로 신기한 일이지만, 알고 보면 신기할 것 없다. 온 땅에 인류가 퍼져 있다. 하나님이 거기서 살게 하셨기 때문이다.

더 놀라운 것은 우리의 연대를 정하셨다는 사실이다. 인생은 칠십이요 강건하면 팔십이라고 하나님이 말씀하셨다. 우리 인류의 최장 수명에 대해서도 말씀하시는데, 일백 이십년이 되게 정하셨다. 그러니까 하나님께서 사람의 수명을 100년 남짓 되게 정하셨다는 말이다. 아무리 좋은 약이 개발되고 모든 질병을 정복한다고 해도 죽음만은 막을 수 없음을 알아야 한다. 겸손한 성도는 이 진리를 믿으며 죽음을 바르게 준비하며 살아간다.

네 번째는 거주의 경계를 정하셨다고 말씀한다. 우리가 어디서 살아야 할지를 정하셨다는 것이다. 놀라운 말씀이다. 이것은 출생부터 해당이 된다. 우리가 대한민국에 어떻게 태어나게 되었는가? 하나님이 보내셨기 때문이다. 왜 미국에 태어나지 않게 하셨는가? 하나님이 그렇게 하셨다. 요즘 미국 시민권을 부러워한다. 전 세계 사람들이 미국 시민권을 소유하려고 야단이다. 만일 태어나기 전부터 국적을 선택할 수 있다면 어떤 일이 벌어질까? 오지나 살기 어려운 곳에는 태어나지 않았을 테고 모두가 다 좋은 나라, 선진국에 태어났을 것이다. 또 가난한 집안이 아니라 유력한 집안에서 태어났을 것이다.

거주의 경계를 하나님께서 정하셨다는 것은 매우 중요한 진리다. 어떤 사람들은 자기가 살 곳을 정한다고 큰소리치지만 하나님의 허락이 없으면 그것이 불가능하다. 하나님께서 정하신 거주의 경계 속에서 살아갈 수밖에 없음을 알아야 한다.

아무리 아니라고 우겨도 소용이 없다. 우긴다고 진리가 바뀌지는 않는다. 하나님이 그렇다 하시면 그런 것이다. 하나님이 사람들의 거주의 경계를 정하셨다는 사실은 진리다. 내 마음대로 이사를 해도 거기에 하나님의 섭리와 인도하심이 있다. 어떤 경우가 되었든지 분명한 것은 살 곳을 하나님께서 정해 주시고 여러 가지 방법으로 인도하신다는 사실이다.

하나님이 정하신 곳에 살면서 우리는 여러 사람들을 만난다. 서로 만나리라고 예상했던 분들은 아무도 없다. 하나님의 인도하심 따라 살다 보니 귀한 사람들을 만나게 되었다.

성실성과 만남(왕상 19:19)

이런 이유로 옆에 사는 사람들, 자주 만나는 동료 등은 매우 소중하다. 하나님이 만나게 하신 분들이기에 너무 귀하다. 그래서 서로 사랑해야 되고 더불어 행복하게 살아가야 한다.

본문에 보면 위대한 만남 이야기가 나오고 있다. 하나님은 엘리야에게 귀한 사명을 주셨다. 그 사명은 하사엘이라는 사람과 예후라는 사람에게 기름을 부어 왕이 되게 하라는 사명이었고 엘리사에게도 기름을 부어 엘리야 자신을 이어 선지자로 세우라 말씀하셨다.

그런데 엘리야는 오직 엘리사에게만 기름을 부어서 선지자로 세운다. 하사엘이나 예후에게 기름을 붓는 것은 엘리야가 아니라 엘리사다. 엘리사가 그 사명을 수행하는 것을 볼 수 있다. 그 이유는 분명히 성경에 기록되어 있지 않으나 하나님의 명령대로 세 사람에게 기름이 부어져 하나님의 뜻이 성취되는 것을 볼 수 있다.

엘리야의 뒤를 이어 이스라엘의 선지자가 될 엘리사와의 만남은 하나님의 오묘하신 섭리임을 알 수 있다. 앞에 인용한 사도행전 17장 말씀과 같이 이 두 사람은 하나님이 정해주신 이스라엘이라는 지역에서 거주의 경계를 정하여 살고 있었다. 또 한 혈통은 당연한 것이고 연대를 정하신 것도 그대로다. 두 사람의 수명을 절묘하게 겹치게 하시고 그 겹치는 시기에 만나게 하셨다. 엘리야가 10여년을 더 살든지 아니면 엘리사가 몇 십 년 늦게 태어났다면 두 사람은 만나지 못했다. 그야말로 이 두 사람은 하나님께서 만나게 해 주셨다.

우리가 현재 이 땅에서 살아가고 있다면 그 자체가 기적이다. 하나님의 은혜다. 어떤 가수가 부른 노래 가사처럼 우리의 만남은 우연이 아니다. 모두 하나님의 섭리요 필연이다. 하나님께서 우리 서로를 만나게 해 주셨다.

엘리야와 엘리사의 만남은 우선 하나님께서 주선하셨다. 하나님이 온전히 계획하셨다. 엘리야가 엘리사를 만나고 싶다고 말한 적이 없다. 또 엘리사가 엘리야를 만나고 싶다고 한 적도 없다. 왕상 19장 16절에 보면, 하나님께서 엘리야에게 엘리사를 만나 기름을 부어 엘리야의 후임 선지자로 세우라고 하셨을 뿐이다. 그래서 만나게 되었다.

그런데 본문말씀을 보면 왜 하나님께서 엘리야의 후임 선지자로 엘리사를 세우시고 엘리야와 만나게 하셨는지를 알 수 있다. 즉 하나님이 두 사람의 만남의 계획을 세우셨는데, 이 두 사람이 어떤 사람이기에, 특별히 엘리사는 어떤 사람이기에 엘리야와의 귀한 만남을 허락하셨는지 그 이유들을 알 수 있다. 열왕기상 19장 19절이다.

'엘리야가 거기서 떠나 사밧의 아들 엘리사를 만나니 그가 열두 겨릿소를 앞세우고 밭을 가는데 자기는 열두째 겨릿소와 함께 있더라 엘리야가 그리로 건너가서 겉옷을 그의 위에 던졌더니'

이 말씀을 보면 엘리사가 어떤 사람인가를 분명하게 보여준다. 우선 엘리사는 부자였다. 소 열 두 겨리를 가지고 밭을 갈고 있다고 말씀한다. 한 겨리는 두 마리이니까 열 두 겨리면 소가 스물 네 마리다. 1970년대에 우리나라는 참 가난했다. 그 당시 시골에서 소 한 마리 있으면 부자였다. 아무나 소를 키울 수 없었다. 송아지 값도 너무 비쌌다.

엘리사가 농사를 지으면서 열 두 겨리 소를 활용하고 있다. 한 겨리는 두 마리다. 보통 한 겨리의 소에 쟁기를 걸어서 밭을 가는데, 그러면 엘리사 말고도 열 한 사람이 밭을 갈고 있다는 말이다. 또 미루어 짐작하건데, 소 열 두 겨리를 동원해서 갈 수 있는 밭이라면 그 규모가 얼마나 큰 것인지도 알 수 있다. 흔히 말하는 엘리사는 부농이었다.

이 말씀을 통하여 알 수 있는 것은 엘리사가 부자였음에도 다른 일꾼들과 함께 밭에서 일을 하고 있었다. 열두 째 겨리와 함께 밭을 갈고 있었다. 그렇게 많은 땅과 소를 가지고 있는 부자가, 하인들만 일을 시켜도 충분 할 텐데 자신이 친히 땀을 흘리며 일을 하고 있었다.

이것은 엘리사가 평소에 얼마나 성실한 사람이었는지를 보여주고 있다. 이처럼 게으르지 않고 성실하게 일하면서 살아가고 있던 엘리사를 하나님이 부르셨다. 하나님은 엘리야 후임으로 세우시려고 엘리사를 부르셨다. 특별히 왕상 19장 14절에서, 엘리야가 곤경에 처했을 때 하나님께 뭐라고 말씀드렸는가? 이스라엘에 하나님을 섬기는 사람들이 다 순교 당했고 자기 혼자만 남았다고 푸념했었다. 그 때 하나님은 엘리야에게 엄청난 말씀을 하셨다. 즉 아직도 바알에게 무릎 꿇지 않은 사람 7천명을 남겨 두었다고 말이다. 그러니까 이 엘리사도 그 칠천 명 중에 한 사람이었던 것이다.

엘리사는 자기가 맡은 일에 성실했다. 게으르지 않았다. 거기다가 하나님을 섬기는 신앙이 흠잡을 데 없었다. 하나님은 이런 엘리사를 유념하여 보셨다. 그래서 그 스승 엘리야와 멋진 만남을 주선하신 것이다.

예수님도 제자들을 부르실 때 똑같이 하셨다. 빈둥빈둥 놀고 있는 사람들을 제자로 부르신 적이 없다. 베드로와 요한은 고기를 잡고 그물을 손질할 때 부르셨다. 세리 마태는 세관에 앉아서 열심히 일하고 있을 때 부르셨다. 이렇게 자신이 맡은 일에 성실한 사람들을 제자로 불러주셨다.

산상수훈에서도 예수님은 사람들에게 교훈하시면서 '공중에 나는 새를 보라' 하셨다.

'공중 나는 새도 하나님께서 먹이시고 입히시거든 하물며 너희들을 굶기겠느냐'고 하셨다. 여기 공중 나는 새라는 말이 의미가 있다. 예수님은 잠자고 있는 새를 보라고 하지 않으셨다. 나무에 앉아 있는 새를 보라고 하지 않으셨다. 이것이 무슨 말씀인가? 공중에 날고 있다는 것은 새가 먹이를 잡으려고 움직이고 있다는 말이다. 열심히 일하고 있는 새, 성실하게 일하는 새라는 뜻이다.

예수님은 마태복음 25장의 달란트 비유에서도 한 달란트 받았던 종을 저주하셨다. 다섯 달란트나 두 달란트를 받았던 종들은 칭찬을 받았다. 그 차이가 무엇인가? 성실성이다. 성도는 성실한 사람과 불성실한 사람의 차이를 볼 줄 알아야 한다. 어떤 결과를 가져오는지를 분명하게 볼 수 있어야 한다.

사도 바울도 일하기 싫거든 먹지도 말라 했다. 하나님은 게으른 자에게는 일을 시키지 않으신다. 일감을 주시지 않는다. 게으른 자에게는 영광을 주시지 않는다. 성실하지 못하고 게으른 자에게는 위대한 만남을 허락하지 않으신다. 잠언에서도 게으른 자는 개미에게 가서 배우라고 말씀하셨지 않는가?

하나님은 자신이 맡은 일에 게으르지 않고 성실할 때 좋은 만남을 책임져 주신다. 그것이 내 자신의 일이든 하나님의 일이든 마찬가지다. 아예 하나님의 일을 하지 않으면 어떻게 되는가? 안타깝게도 하나님이 주시는 축복의 만남은 기대하지 말아야 한다.

성도는 하나님이 주시는 만남의 복을 받아야 한다. 누구를 만나느냐에 따라 인생이 달라진다. 엘리사는 엘리야를 만나서 더 위대한 인생을 살게 되었다. 모든 만남은 하나님이 주관하신다. 하나님은 자기가 맡은 일에 성실한 사람들에게 위대한 만남을 허락해 주신다.

잠언 22장 29절이다. '네가 자기의 일에 능숙한 사람을 보았느냐 이러한 사람은 왕 앞에 설 것이요 천한 자 앞에 서지 아니하리라' 내 일과 하나님의 일에 성실하고 근실함으로 위대한 만남의 주인공들이 되어야 한다. 천한 자와 만나는 것이 아니라 왕과 같은 고귀한 사람들과 만나는 복을 누려야 한다.

하나님 사랑과 만남(왕상 19:20)

위대한 하나님의 선지자 엘리야와 만남의 축복을 받은 엘리사에게는 성실성만 있었던 것이 아니다. 열왕기상 19장 20절이다.

'그가 소를 버리고 엘리야에게로 달려가서 이르되 청하건대 나를 내 부모와 입 맞추게 하소서 그리한 후에 내가 당신을 따르리이다 엘리야가 그에게 이르되 돌아가라 내가 네게 어떻게 행하였느냐 하니라'

19절 끝에 보면 엘리야가 엘리사에게 자신의 겉옷을 벗어서 던졌다고 기록하고 있다. 왜 벗어서 던졌는가? 이 행동은 아주 중요한 의미를 내포하고 있다. 우리는 인감도장 같은 것을 조심해서 관리한다. 인감도장은 남에게 함부로 내줄 수 없다. 남에게 함부로 내 줬다가 낭패 본 사람들이 많다. 인감도장을 내 준다는 것은 중요한 권리를 그 사람에게 위임한다는 의미를 가지고 있다.

본문에서 선지자인 엘리야가 엘리사에게 자신의 겉옷을 벗어서 던졌다는 것은 자신의 선지자 직분을 계승받으라는 의미로, 위임해준다는 의미로 그렇게 한 것이다.

이런 엘리야의 행동에 대하여 엘리사가 반응하는 것을 보면 그 뜻을 분명하게 알 수 있다. 엘리사는 즉시 행동에 들어간다. 엘리사는 엘리야의 제안을 받아들인다. 엘리사는 즉시 소를 버리고 엘리야에게 달려갔다고 말씀한다. 엘리야에게로 달려간 엘리사는 자신의 부모에게 작별인사를 드리고 와서 엘리야를 따르겠다고 말한다.

엘리사는 성실한 사람이었다. 더욱 감동적인 것은 하나님을 사랑하는 마음이 남달랐다. 자신의 일이 소중하고 귀했지만 또 자신의 재산도 소중했으나 하나님보다는 아니었다. 부모님께 효도하는 것이 귀하고 소중한 일이었지만 하나님보다는 아니었다.

하나님께서 엘리사를 소중하게 보시고 엘리야와의 귀한 만남을 허락하시고 그 인생을 축복하신 것은 엘리사의 이런 마음과 자세 때문이었다. 엘리야는 하나님을 사랑했다. 무엇보다 더 사랑했나? 자신의 일보다 하나님을 더 사랑했다. 심지어 자신의 부모님보다 하나님을 더 사랑했다.

엘리사의 삶에 있어서 하나님보다 더 중요한 것은 없었다. 엘리사의 생애에 있어서 하나님보다 더 사랑하는 것은 없었다. 사랑하면 사람이 변한다. 사람을 사랑해도 변한다. 사랑하는 사람을 위하여 헌신하고 희생한다. 평소에 못 보던 모습을 보게 된다.

하물며 사람이 하나님을 사랑하게 되면 어떻게 되겠는가? 멋지게 바뀐다. 하나님이 원하시는 것에 순종한다. 순종의 능력을 주신다. 인생의 성공과 실패가 여기 있다. 많은 사람들이 하나님 사랑하는 것을 의무로 여긴다. 뭔가 손해 보는 것처럼 생각하는 사람들이 많다. 반대다. 의무가 아니라 특권이다. 손해 보는 것이 아니라 최고의 인생을 사는 비결이다. 왜 사람들이 흥하지 못하는가? 왜 사람들이 성공하지 못하는가? 하나님을 제일로 사랑하지 못하기 때문이다. 하나님 아닌 것을 제일로 사랑하는 어리석은 삶을 살기 때문이다. 날마다 기도할 때 이것을 위하여 기도해야 하다. 제일의 기도제목을 삼아야 한다. 기도할 때 성령님께서 이뤄주신다.

엘리사는 하나님을 제일로 사랑하는 사람이었다. 본문을 보면 그 사실을 분명하게 알 수 있다. 엘리야가 엘리사에게 하나님의 선지자가 되기 위하여 자신을 쫓으라고 했을 때 엘리사가 어떤 행동을 했는가? 소를 버렸다고 말씀한다. 소를 버리는 것을 볼 때 엘리사의 하나님 사랑의 정도를 알 수 있다. 또 부모님께 작별인사를 하고 온다는 말하는 것을 보면 엘리사의 부모님에 대한 공경의 정도도 파악할 수 있다.

누가복음 14장 25절로 27절에 보면, **'25 수많은 무리가 함께 갈새 예수께서 돌이키사 이르시되 26 무릇 내게 오는 자가 자기 부모와 처자와 형제와 자매와 더욱이 자기 목숨까지 미워하지 아니하면 능히 내 제자가 되지 못하고 27 누구든지 자기 십자가를 지고 나를 따르지 않는 자도 능히 내 제자가 되지 못하리라'**고 하셨다. 이 말씀을 읽을 때 부담감 느끼는 사람이 있다면 복음을 모르는 사람이다. 이렇게 하지 않을 때 부담감 느껴야 한다.

엘리사는 하나님을 제대로 믿고 있었다. 부모나 처자나 형제자매 심지어 자기 목숨보다 하나님을 더 사랑했다. 이런 엘리사를 하나님은 놓치지 않으셨다. 오직 하나님을 최고로 사랑하는 엘리사를 주목하셨고 위대한 일꾼이었던 엘리야를 보내서 만나게 하시고 엘리사를 그 후계자로 삼으셨다.

죄인의 표지가 무엇인가? 하나님 대신 다른 것을 최고로 사랑한다. 우리가 그것을 어떻게 알 수 있는가? 하나님을 사랑하느냐 마느냐는 추상적인 개념이다. 이것을 분명히 알기 위해 필요한 것은 하나님의 일을 하느냐다. 하나님의 일을 한다는 것은 하나님을 사랑한다는 중요한 증거다. 그러므로 하나님을 얼마나 사랑하는지를 알려면 하나님의 일을 하는지 또 얼마나 하는지 여부를 보면 된다.

하나님 사랑하는 사람은 반드시 하나님의 일을 한다. 하나님의 일을 하지 않으면서 하나님을 사랑한다고 말하는 것은 앞뒤가 맞지 않는다.

하나님을 사랑하는 엘리사의 행동을 보면 금방 알 수 있다. 하나님을 사랑하던 엘리사는 하나님의 일을 말했을 때 즉시 움직이고 있지 않는가?

하나님을 사랑하는가? 그러면 하나님의 일을 하고 있을 것이다. 하나님을 사랑하지 않고 있는가? 그러면 하나님의 일을 외면하고 있을 것이다.

하나님의 일은 우리의 일과 밀접한 관련을 가지고 있다.

하나님의 일을 열심히 하는 사람은 자신의 일도 열심히 한다. 사실 일이라는 것이 열심히 한다고 다 되는 것이 아니다. 하나님이 해주셔야 잘 된다. 이 비결이 여기 있다. 단지 이유 없이 하나님의 일을 열심히 하는 것이 아니다. 하나님의 사랑이 하나님의 일로 나타나기 때문에 하나님의 일을 하는 것이다. 더 놀라운 것은 하나님의 일을 감당할 때 하나님을 사랑하는 마음이 더 커진다. 이 둘이 서로 연결되어 있기 때문이다.

교회는 예수님의 몸이다. 교회는 하나님의 자녀들인 우리다. 교회에서 하나님의 일을 해야 한다. 세상에는 일자리가 없어서 난리다. 그런데 교회 안에는 일자리가 넘친다. 하나님이 워낙 유능하셔서 일자리를 많이 만들어 놓으셨다. 하나님을 사랑하는 자녀들은 골라서 일자리를 선택할 수 있다. 1980년대, 90년대에 우리나라에는 일자리가 참 많았다. 학교 선생님 되는 것도 그리 어렵지 않았다. 일자리에 관한 한 그 때의 지도자들이 유능했다. 그래서 직장 때문에 고민하는 것을 들어보지 못했다. 대부분 골라서 다녔다.

하나님의 교회도 마찬가지다. 하나님이 유능하시기 때문에 일자리가 널려 있다. 골라서 맡을 수 있다. 이 일을 할 때 하나님 사랑하는 마음이 더 커진다. 세상에서도 잘 된다. 천국에서도 미래가 밝다. 엄청난 보상이 주어질 것이다.

우리의 인생이 복되고 하나님이 예비하신 만남의 축복을 받기 위해서는 반드시 하나님을 최고로 사랑하는 사람이 되어야 한다. 하나님을 최고로 사랑하는 사람들의 특징은 하나님의 일을 한다. 하나님을 사랑하는 마음은 하나님의 일을 통해서 드러난다. 그렇다. 하나님을 사랑하는지 사랑하지 않는지를 아는 법은 간단하다. 내 자신이 하나님의 일을 감당하는지 여부를 보면 된다. 내가 사랑하는 사람이 땀을 뻘뻘 흘리며 일하고 있는데 옆에서 돕지 않고 뒷짐 지고 있다면 그 사람이 어떻게 할 것 같은가?

더 놀라운 사실이 있다. 하나님은 우리를 사랑하시기 때문에 우리의 일을 도와주신다. 우리의 눈이 열려야 한다. 영안이 활짝 열려서 하나님의 위대한 동역자로 쓰임을 받고 우리의 일을 행하시는 하나님을 경험해야 한다.

결단력과 만남(왕상 19:21)

하나님의 인도하심을 받고 좋은 만남의 축복을 누렸던 엘리사에게 있어서 마지막 훌륭한 성품은 결단력이다. 그렇다. 엘리사는 너무나 멋진 하나님의 사람이었다. 그는 성실했다. 삶에 있어서 게으름을 피우지 않았다. 또 하나님을 뜨겁게 사랑했다. 이런 엘리사를 하나님은 엘리야를 보내셔서 만나게 하셨다. 거기다가 엘리사는 하나님의 뜻이라고 확인되면 즉시 순종하는 결단력이 있었다. 그러니까 엘리사에게는 성실성, 하나님 사랑함, 결단력이 있었다.

열왕기상19장 21절이다. **'엘리사가 그를 떠나 돌아가서 한 겨릿소를 가져다가 잡고 소의 기구를 불살라 그 고기를 삶아 백성에게 주어 먹게 하고 일어나 엘리야를 따르며 수종 들었더라.'**
엘리사는 자신의 부모님께 작별인사를 하고 다시 돌아오겠다고 말하고는 집으로 갔다. 집으로 간 엘리사는 단순히 작별 인사만 한 것이 아니었다. 그는 소 두 마리를 잡았다. 그리고 소의 기구를 불살라 그 고기를 삶아서 주변 백성에게 줘서 먹게 했다.
엘리사가 왜 이런 행동을 했을까? 이것은 배수진을 친 것이다. 퇴로를 차단한 것이다. 하나님께 순종하고 결단하는 모습을 온 동네 사람들 앞에서 드러내고 있다.

언젠가 우리나라에서 가장 존경받는 C.E.O 즉 최고경영자가 누구냐는 조사를 한 적이 있다. 그 질문에 많은 사람들이 고 정주영 현대회장을 꼽았다. 그 이유가 무엇인가 하면 결단력이 탁월하기 때문이라고 대답했다. 생전의 정주영 씨는 어떤 일을 한번 하고자 마음을 먹으면 망설임 없이 즉각 실행에 옮겼다고 한다. 예전에 어떤 방송에서 정주영 씨를 다룬 드라마도 방영되었다. 그가 말한 어록들이 적지 않았다.

정주영 회장의 가장 유명한 어록이 무엇인가? '해 봤어?'이다.

한 번 옳다고 결정하면 황소처럼 밀어 붙이는 결단력이 대한민국에 '현대'라는 대기업을 일으켜 세웠다. 정주영 회장이 일궈놓은 많은 업적들은 모두 그의 결단력에 기인한다. 앞뒤를 신중하게 재는 참모들이 부정적인 의견을 피력 할 때마다 했던 말이 '해봤어'란다.

물론 그도 시행하는 모든 일에 성공한 것은 아니다. 하지만 실패보다는 성공한 것이 더 많기에 오늘날 현대라는 기업이 존재하는 것이다.

세상 일에도 이처럼 결단력이 필요하다. 하물며 하나님의 말씀에 순종하는 일은 오죽할까? 하나님의 일에 순종하지 못하고 머뭇머뭇하는 사람에게는 아무런 일도 일어나지 않는다. 하나님의 뜻이라고 확인되면 결단해야 한다. 손과 발을 움직여야 한다. 그렇지 않으면 아쉬워하고 후회하고 안타까워하면서 인생을 허비하게 되어 있다. 하나님의 일을 과감하게 하다가 실패할 수도 있다. 문제는 그 실패를 너무 의식하다가 아무것도 하지 못하는 삶을 살게 된다.

마태복음 25장에 나오는 달란트 비유에서 다섯 달란트 두 달란트 받았던 종들은 그만큼 남기므로 칭찬을 받았다. 그러나 한 달란트 받았던 사람은 그것을 그냥 땅에 묻어 두었다가 한 달란트 그대로 가져오므로 책망을 받았다.

'결정 장애'라는 말이 있다. 무엇을 할지 말지 생각하고 고민만 하다가 결국 아무것도 하지 못하는 것을 뜻한다. 여기 한 달란트 받았던 사람이다. 두려워서 아무런 결정도 하지 못한다. 그것도 한 두 번이 아니라 계속되기에 안타까운 인생을 살아가게 된다.

엘리사는 소 두 마리를 잡고 농사지을 때 사용하는 소의 기구마저 불태웠다. 이것은 앞으로 농사를 짓지 않겠다는 것을 행동으로 보여주는 것이다. 더 중요한 하나님의 일을 하는데 즉시 헌신하겠다는 결단을 보여주는 선포였다. 장차 하나님의 선지자의 사명을 감당하다가 어려움이 찾아올 때, 마음이 약해지지 않도록 하기 위함이었다. 이제는 뒤로 돌아갈 수 없다는 것을 대외적으로 결단력 있게 천명한 행동이었다.

우리의 신앙도 이렇게 할 필요가 있다. 직장에서 자신이 예수님을 믿는 사람임을 머뭇거리지 말고 결단력 있게, 당당하게 밝혀야 한다. 내 삶 속에서 어떤 것이 분명한 하나님의 뜻이라면 속으로만 우물쭈물 해서는 안된다. 그것을 공개적으로 천명하는 것이 좋다. 결단력 있게 선포하는 것이 좋다. 물론 이것은 아무것이나 머릿속에 떠오르는 것을 가볍게 떠벌리라는 말이 아니다. 그렇게 하다가는 말만하고 행동은 없는 사람이 될 수 있다. 그렇게 되면 오히려 사람들에게 또 하나님께 신뢰를 잃을 수 있다. 분명한 하나님의 뜻이라는 확신이 든다면 과감하고 결단력 있게 선언해야 한다. 사람들에게 당당하게 말해야 한다.

예를 들어, 기도생활을 하는 것이 하나님의 뜻인가? 이것은 분명한 하나님의 뜻이다. 하나님은 우리의 기도를 통하여 일하신다. 하나님은 기도의 사람을 사용하신다. 기도하지 않는 사람을 위대하게 사용하는 경우는 없다. 우리는 이것을 놓고 기도해야 한다. 그렇다면 이런 기도하는 삶을 살기 위해서 어떻게 해야 하겠는가? 혼자 마음속으로 '기도해야지' 하면 효과가 신통치 않다. 대신 이웃들에게 구역식구들에게 이렇게 선포해 보라.

"나는 앞으로 기도생활을 철저하게 할 것이다, 새벽기도와 금요기도를 평생 할 것이다"라고 말해야 한다. 그냥 말만 하지 말고 구역식구들을 데리고 짜장면 집으로 가서 짜장면을 사 드리면서 선포하라. 앞으로 새벽기도와 금요기도에 나가는 것을 습관화하겠다고 선언해 보라. 그러면 놀라운 역사가 일어난다. 그렇게 말할 때 그것을 듣는 구역식구들이 기도로 돕는 역사가 일어난다. 더 중요한 것이 무엇인가? 하나님의 일에 결단하는 우리를 성령님께서 주목하신다. 그리고는 필요한 능력을 공급하신다. 도중에 포기하고 싶은 마음이 들어도 성령의 능력으로 너끈히 승리하는 복을 누리게 된다.

전도하는 삶이 하나님의 뜻이며 하나님의 일이라는 것을 모든 성도들이 안다. 그러면 어떻게 해야 할까? 선포하면 된다. 구역식구들에게 선포하라. 앞으로 복음을 열심히 전하는 삶을 살겠다고 말이다. 위대한 복음의 통로로 하나님께 쓰임 받을 것임을 말하라. 이번에는 갈비 집으로 구역식구들을 데려가서 '한 턱 쏘면서' 선포하라. 전도폭발사역에도 참여하고 삶의 모든 영역에서 예수님 복음의 통로로 쓰임 받을 것임을 선포하라. 성령님께서 도와주신다. 그렇게 할 수 있는 능력을 주신다.

하나님의 일에 이런 헌신과 결단의 모습이 보이면 그 때 놀라운 역사를 경험한다. 즉 하나님이 우리의 일을 하시는 것을 경험한다. 성도들은 이 묘미를 발견해야 한다. 이 놀라운 은혜를 경험해야 한다. 동역의 기쁨과 영광을 누려야 한다. 나는 하나님의 일을 하고 하나님은 내일을 해 주시는 이 신비로운 축복을 누려야 한다. 이것을 알지 못하면 '30배 60배 100배'라는 말을 도무지 이해 못하게 된다. 이 축복을 누리지 못하게 된다.

엘리사에게 바로 이런 멋진 결단력이 있었다. 엘리사는 퇴로를 차단했다. 돌아갈 길을 없애 버렸다. 왜냐하면 다시 돌아가는 것은 자신의 인생을 복되게 하는 것이 아니었기 때문이다. 그것은 성공적인 인생길이 아니라는 것을 알았기 때문이다.

하나님은 농사꾼 엘리사를 위대한 하나님의 종으로 세우셨다. 역사 속에서 엘리사의 사역은 스승인 엘리야를 능가한다. 엘리사에게는 하나님이 기뻐하시는 성품이 있었다. 그것은 성실성과 하나님을 뜨겁게 사랑하는 마음과 결단력이었다.

이런 엘리사를 하나님은 사랑하셨다. 그래서 하나님은 당신의 위대한 일꾼으로 세우셨다. 바로 위대한 스승인 엘리야와의 만남을 통하여 세우셨다.

우리도 마찬가지다. 우리에게도 성실성과 하나님을 뜨겁게 사랑하는 마음과 결단력이 있으면 하나님께서 축복하신다. 이런 성도들이 다 되기를 바란다. 이런 성도들이 될 때 하나님은 엘리야를 보내셔서 우리를 만나게 하실 것이다. 구약의 엘리야가 아니라 하나님이 우리만을 위하여 예비하신 엘리야를 보내실 것이다.

그러나 우리는 좌절한다.

왜 그런가? 아무리 뜯어봐도 우리 안에 성실성이 부족하다. 하나님을 뜨겁게 사랑하는 마음이 부족하다. 아주 심히 부족하다. 엘리사처럼 하나님의 뜻이라 판단될 때 내리는 과감한 결단력도 부족하다.

그러면 희망이 없는 것인가? 천만의 말씀이다.

예수님을 믿는 우리는 이미 위 세 가지를 모두 가지고 있다. 우리 안에 계신 예수님 안에 다 들어 있다. 오직 우리가 할 일은 그 진리를 믿는 것이다. 예수님 안에 있는 성실성, 예수님 안에 있는 하나님 사랑, 예수님 안에 있는 결단력을 믿을 때 하나님이 역사해주신다. 이 진리를 믿을 때 하나님은 우리에게 필요한 엘리야를 보내셔서 우리를 축복하신다. 만남의 위대한 축복으로 우리를 인도하신다.

할렐루야!

토의 문제

1. 사도행전 17장 26절, **'26 인류의 모든 족속을 한 혈통으로 만드사 온 땅에 살게 하시고 그들의 연대를 정하시며 거주의 경계를 한정하셨으니.'**

하나님께서 우리 인생에게 행하시는 네 가지 진리를 나눠보라.

2. 열왕기상 19장 19절, **'엘리야가 거기서 떠나 사밧의 아들 엘리사를 만나니 그가 열두 겨릿소를 앞세우고 밭을 가는데 자기는 열두째 겨릿소와 함께 있더라 엘리야가 그리로 건너가서 겉옷을 그의 위에 던졌더니'**

하나님께서 엘리사에게 주신 첫 번째 만남의 축복의 근거가 무엇인지 나눠보라.

3. 열왕기상 19장 20절, **'그가 소를 버리고 엘리야에게로 달려가서 이르되 청하건대 나를 내 부모와 입 맞추게 하소서 그리한 후에 내가 당신을 따르리이다 엘리야가 그에게 이르되 돌아가라 내가 네게 어떻게 행하였느냐 하니라'**

만남의 축복 두 번째 원인이 무엇인지 나눠보라.

또 하나님을 사랑하는 열매는 어떻게 맺혀지는지도 나눠보라.

4. 열왕기상 19장 21절, '엘리사가 그를 떠나 돌아가서 한 겨릿소를 가져다가 잡고 소의 기구를 불살라 그 고기를 삶아 백성에게 주어 먹게 하고 일어나 엘리야를 따르며 수종 들었더라.'

엘리사가 받았던 만남의 축복 세 번째 요인이 무엇인지 나눠보라.

나는 이것을 어떻게 적용할 것인지도 나눠보라.

기도

1. 토의 내용을 통하여 하나님께 찬양하고 감사하며 고백하고 회개하라.

2. 토의 내용을 통하여 주신 기도제목을 가지고 간구하라.

여호와께서 모세에게 말씀하여 이르시되 은 나팔 둘을 만들되 두들겨
만들어서 그것으로 회중을 소집하며 진영을 출발하게 할 것이라

(민 10:1-2)

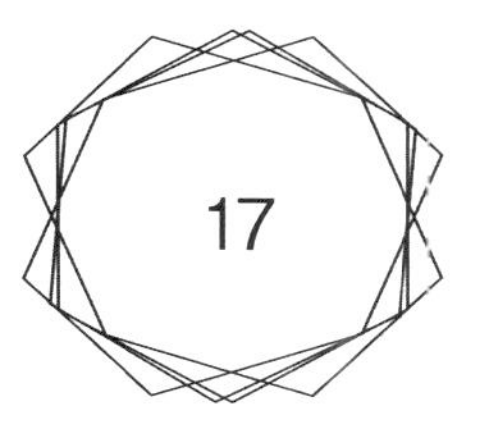

나봇의 포도원

(왕상 21:17-25)

열왕기상 19장에서 엘리야는 자신의 후계자가 될 엘리사와 함께 거하기 시작했다. 열왕기상 20장에서는 엘리야와 엘리사 이야기가 언급되지 않는다. 20장의 내용은 아람나라가 이스라엘을 침공하는 이야기다. 그런데 이스라엘 왕 아합이 하나님의 도우심으로 전쟁에서 승리하고 아람 왕 벤하닷을 생포까지 했으나 바보같은 행동을 하고 있다. 아람 왕 벤하닷을 풀어주고 있다. 더구나 본문이 시작되는 장인 왕상 21장에서 아합은 하나님 앞에 제 무덤을 파고 있다.

열왕기상 19장에서 21장까지 시간적으로 볼 때 약 5년에서 6년 정도 될 것 같다. 열왕기상 21장의 시작은 아주 색다른 이야기다. 아합 왕이 통치하던 이스라엘에 나봇이라는 경건한 사람이 살고 있었다. 이 나봇은 아주 목 좋은 곳에 아름다운 포도원을 가지고 있었다. 그런데 하필 그 포도원은 아합 왕이 살고 있는 왕궁에서 가까웠다.

그것이 문제가 되었다.

지금도 목 좋은 땅이나 부동산은 인기가 있지 않은가? 그 좋은 포도원이 아합 왕의 눈에 띄었고 왕은 나봇에게 그 포도원을 자신에게 팔도록 제안을 했다. 아합은 그 밭을 채소 밭으로 삼고 싶다고 말했다.

열왕기상 21장 2절이다.

'아합이 나봇에게 말하여 이르되 네 포도원이 내 왕궁 곁에 가까이 있으니 내게 주어 채소 밭을 삼게 하라 내가 그 대신에 그보다 더 아름다운 포도원을 네게 줄 것이요 만일 네가 좋게 여기면 그 값을 돈으로 네게 주리라'

일반적으로 생각할 때 나봇은 크게 한 몫 잡을 기회가 왔다. 더구나 아합 왕은 더 넓고 아름다운 포도원으로 줄 수도 있고 아니면 값을 후하게 쳐 줄 수도 있다 말했기 때문이다.

그런데 나봇이 어떤 반응을 보이고 있는가? 왕의 제안을 거절하고 있다. 열왕기상21장 3절이다.

'나봇이 아합에게 말하되 내 조상의 유산을 왕에게 주기를 여호와께서 금하실지로다 하니'

요즘도 땅 있는 사람들에게 먼저 땅을 팔라 하면 대부분 거절한다. 왜 그런가? 팔 마음이 없어서 그렇게 말하기도 한다. 또 팔기는 팔되 한 푼이라도 더 받으려고 그렇게 대답을 하게 되어 있다.

하지만 여기 나봇은 땅을 팔지 않으려는 이유가 전혀 다르다. 단지 그 밭을 소유하기 위해서도 아니고 땅 값을 더 받으려고 거절하는 것도 아니었다. 나봇이 땅을 팔지 않으려고 하는 이유는 하나님께서 주신 유업이었기 때문이다. 즉 그 땅은 하나님께서 각 지파별로 나누어 주신 기업이기 때문에 팔수가 없었다. 원칙적으로 이스라엘은 땅 소유가 금지되어 있었다. 그 누구도 땅을 자기 것으로 만들 수 없었다. 자기가 농사짓고 관리할 뿐이지 돈 받고 팔 수 있는 것이 아니었다. 이것은 하나님이 정하신 법이었다. 즉 경작권만 가지고 있는 것이지 소유권은 하나님이 가지고 계셨다.

이러한 제도는 이스라엘에만 있는 독특한 제도였다. 혹시 어려워서 그 땅을 팔게 된다면 소유권을 파는 것이 아니라 경작권만 팔게 되어 있었다. 그 넘겨진 경작권도 50년으로 한정되어 있었다. 50년이 되면 무조건 돌려줘야 했다.

우리나라도 아니 전 세계도 할 수만 있다면 이렇게 했으면 좋겠다. 그러나 불가능하다. 단순하게 보면 공산주의가 바로 이런 제도와 비슷하다. 그래서 공산주의를 선호하는 사람들이 있었다. 하지만 공산주의의 본질은 역사 속에서 밝히 드러났다. 겉은 뭔가 있는 것 같은데 내용이 전혀 없다. 실현 불가능한 것을 하겠다고 큰 소리치고 모든 국민을 거지로 만들어 놓는 것이 공산주의다. 물론 핵심인물들 1퍼센트 정도는 잘 먹고 잘 입고 잘 산다.

내 조상의 유산(왕상 21:1-16)

나봇은 단지 자신의 욕심 때문에 이 밭을 팔 수 없다고 한 것이 아니었다. 그는 하나님의 말씀에 순종해야 하기 때문에 팔 수 없었다. 나봇으로부터 이 말을 전해들은 아합이 어떻게 하는가? 열왕기상 21장 4절이다.

'이스르엘 사람 나봇이 아합에게 대답하여 이르기를 내 조상의 유산을 왕께 줄 수 없다 하므로 아합이 근심하고 답답하여 왕궁으로 돌아와 침상에 누워 얼굴을 돌리고 식사를 아니하니.'

아합은 자신의 잘못된 계획을 포기했어야 했다. 한 걸음 더 나아가 신앙을 위하여 왕명도 거부하는 나봇에게 큰 상을 줬어야 했다. 그러나 아합은 어떻게 하면 그 포도원을 자기 것으로 만들 수 있을까를 고민했다. 고민해도 안 되니까 침상에 누워 버렸다. 그리고 식사도 하지 않았다. 이것은 철없는 아이들이 부모에게 반항할 때 주로 쓰는 법이다. 아이들이 밥 안 먹겠다고 할 때 어떻게 하면 되는가? 사람마다 처리하는 방법이 다를 것이다.

그런데 이런 못 된 모습을 아내였던 이세벨이 보았다. 이세벨은 이해가 되지 않았다. 명색이 이스라엘 왕인데, 왕의 맘대로 하지 못하는 것이 있어서는 안 된다는 생각을 했다. 한 나라의 왕이라는 사람이 그까짓 포도원 하나 가지고 식음을 전폐하는 것이 우습게 보였을 뿐이다. 그래서 어떻게 행동하는가?

열왕기상 21장 5절 이하에 보면, 나쁜 모략을 꾸민다. 먼저 나봇이 사는 지역의 재판관들과 깡패들을 매수했다. 그리고는 나봇에게 누명을 씌웠고 말도 안 되는 재판을 열어 나봇을 죽였다. 그리고는 포도원을 왕의 것으로 만들어 버렸다.

나봇은 하나님을 신실하게 섬기는 사람이었다. 남은 자 칠천 명 중의 한 사람이었다. 나봇은 하나님의 말씀에 순종하다가 죽은 사람이었다. 사실 조금만 융통성 있게 처신했으면 죽지 않아도 되었다. 그냥 포도원 넘겨주면 살 수 있었다. 더 좋은 포도원과 바꿀 수도 있었고 많은 돈을 벌 수 있었다. 하지만 나봇은 하나님의 말씀을 지키기 위하여 그렇게 하지 않았다. 하나님이 팔 수 없고 넘겨줄 수 없다고 하신 말씀을 어길 수가 없었다. 세상 말로 하면 참으로 요령이 없는 사람이었다. 눈 한번 질끈 감으면 더 좋은 것들이 생길 수 있었지만 나봇은 그렇게 하지 않았다. 하나님 말씀을 지키다가 돌에 맞아 죽고 말았다.

세상에서는 이런 사람들을 뭐라 부르는가? 바보라고 부른다. 교회 안에서는 이런 사람을 뭐라고 부르는가? 교회의 수준에 따라 다르게 부를 것이다. 말씀으로 훈련이 잘 되고 무장이 잘 된 교회는 좋은 평가를 할 것이다. 그러나 신앙이 좋지 못한 교회는 세상과 같은 평가를 내릴 것이다. 하나님의 말씀을 순종하다가 손해 보는 사람들을 바보라고 평가한다면 오히려 그 사람들이 바보다. 왜냐하면 하나님께서 나봇이 바보가 아니라고 말씀하시기 때문이다.

여기 우리의 고민이 있다. 왜냐하면 왜 바보가 아닌지를 이 땅에서는 온전히 알 수 없기 때문이다. 이 땅에서는 나봇이 죽었다는 사실밖에 보이지 않기 때문이다. 그래서 세상 사람들은 하나님의 생각보다 세상의 생각을 더 귀하게 여긴다. 하나님의 말씀을 지키다가 나봇처럼 죽느니 세상의 방법대로 융통성 있게 사는 것이 더 지혜롭다고 생각한다.

그러나 절대 그렇지 않다. 이것은 우리 성도들에게 믿음을 요구한다. 믿음이 없으면 결코 나봇의 길을 걸을 수 없는 이유다. 나봇의 이야기는 성도들에게 큰 시험이다. 동시에 큰 축복이다. 나봇이 받은 하나님의 유산은 목숨과 바꿔도 전혀 부끄럽지 않은 것이었다. 그렇다면 신약시대 우리가 하나님께 받은 최고의 유산은 무엇인가? 우리의 목숨과 바꿀 수 있는 그 유산은 바로 예수님이시다. 우리는 예수님을 팔아먹지 말아야 한다. 우리에게 생명의 위협이 온다 해도 하나님의 유산인 예수님을 기필코 소유해야 한다. 성도의 삶 속에는 두 가지 요소가 항상 교차로 일어난다. 솔로몬은 전도서 7장 14절에서 이렇게 말했다.

'형통한 날에는 기뻐하고 곤고한 날에는 되돌아 보아라 이 두 가지를 하나님이 병행하게 하사 사람이 그의 장래 일을 능히 헤아려 알지 못하게 하셨느니라.'

하나님이 우리에게 두 날을 주셨다. 하나는 형통한 날이고 또 하나는 곤고한 날이다. 형통한 날에는 무엇을 하는가? 기뻐하면 된다. 곤고한 날에는 무엇을 하면 되는가? 되돌아보면 된다. 무엇을 되돌아보는가? 반성의 의미도 물론 있다. 그러나 그 종착점은 하나님이시다. 하나님을 바라보라는 말이다. 아니 하나님이 주신 유산인 예수님을 바라보면 된다.

형통한 날에도 동일하다. 기뻐하면서 하나님께 감사하면 된다. 무엇을 감사하는가? 하나님의 유산인 예수님에 대하여 감사드리는 것이다. 이 두 가지를 통하여 장래 일을 알지 못하게 하셨다는 의미는 사람이 이 두 가지 일을 통하여 하나님의 유산인 예수님을 인식하면서 살아야 한다는 말씀이다.

그러니까 이해되지 않는 일이 일어날 때에도 이상하게 생각하지 말아야 한다. 아니 이상하게 생각하지 않는다. 하나님의 유산인 예수님과 함께 하기 때문이다. 물론 이게 그리 쉬운 건 아니다. 고뇌하고 괴로워할 수 있다. 그러나 하나님은 이런 상황을 우리에게 허락하시고 예수님을 통하여 극복하도록 도와주신다.

말씀대로 살 때 외형적으로 그것이 손해일 수도 있고 이익일 수도 있다. 그러나 결코 손해가 아님을 믿어야 한다. 겉으로 볼 때 이익이 되든지 손해가 되든지 그게 중요한 것이 아니라 하나님 아버지께서 그 상황을 모두 주관하고 계심을 기억해야 한다. 합력하여 선을 이루시는 위대한 하나님의 주권을 말이다.

우리가 나봇과 같은 지조 있는 삶을 살아야 하는 이유다. 하나님의 유산인 예수님을 지키기 위하여 생명의 위험이 온다 해도 뒤로 물러서지 말아야 한다. 실제로 이런 상황이 올 때 쉽지 않다. 갈등하고 고뇌한다. 나봇의 갈등과 고뇌가 성경에 기록되어 있지 않지만 얼마나 힘이 들었을까? 우리가 속해 있는 세상에서 하나님의 말씀을 지키다 손해 보는 것이 쉽지 않음을 우리는 다 안다. 말씀을 지키다가 금전적인 손해를 보는 것도 만만한 것이 아니다. 그래서 수많은 사람들이 세상과 타협한다. 하나님의 말씀을 지키다가 건강을 잃게 되는 것도 부담이다. 말씀을 지키다가 이웃 사람들의 신뢰를 잃게 될 경우, 이것도 우리를 망설이게 만든다. 하물며 생명을 잃게 될 경우는 더 말할 필요가 없다.

그런데 한 번 거꾸로 생각해 보자. 원래 우리는 세례 받을 때 예수님의 죽음과 부활에 동참했음을 인정한 것이다. 그러니까 이미 죽은 목숨이라는 말이다. 그리고 영광스럽게도 부활에 동참한 상태다. 하나님의 기업인 예수님 안에 있는 내 자신을, 죽음과 부활을 이미 경험하고 누리고 있는 내 자신을 믿음 안에서 바라보는 것이다. 이것을 믿음생활이라 한다. 이 때 성령의 능력이 임한다. 성령님께서 말씀을 사수하고 순종할 수 있는 능력을 주신다.

그 다음부터는 죽음 아래 있는 모든 것이 어렵지 않게 다가온다. 죽음도 극복했는데 뭘 두려워하는가? 그러니 죽음보다 작은 것, 이를테면 물질이나 명예나 건강을 포기하는 것이 큰 문제가 안 된다. 그래서 하나님을 멋지게 섬기는 사람들의 특징이 있다. 그것은 '죽으면 죽으리라'는 태도를 가지고 하나님을 섬기는 것이다. 구약성경에 나오는 에스더가 그랬다. 다니엘도 그런 능력이 있었다. 예레미야도 예수님의 열 두 제자들도 마찬가지다. 사도행전 7장에 나오는 스데반 집사님도 말씀에 순종하다가 나봇처럼 돌에 맞아 죽었다. 그런데 돌에 맞아 죽어가면서 한 말이 무엇인가? 자신에게 돌을 던지는 사람들을 용서해 달라고 하나님께 기도하면서 죽어갔다. 이게 말이 되는가? 말이 된다. 예수님 안에 있는 자신을 보는 눈이 열릴 때 이런 능력이 드러난다. 죽음이 끝이 아님을 보기 때문이다.

네 자신을 팔아(왕상 21:17-25)

우리나라에도 훌륭한 믿음의 선배들이 많이 있다. 주기철 목사님도 말씀을 순종하다가 순교했다. 손양원 목사님도 마찬가지다. 안이숙 사모님이나 신사참배를 반대하면서 고난을 받았던 박관준 장로님도 좋은 모본이 된다.

참 이상한 것은 기독교는 시간이 갈수록 점점 온 세계에 더 넓게 펴져나가고 있다. 정말 이상하지 않은가? 예수님을 믿으면 세상에서 100 퍼센트 잘 된다고 하면 이해가 가는데, 꼭 그렇지 않다. 하나님의 말씀대로 살다가 세상에서 큰 손해를 볼 수도 있다. 그런데도 예수님을 믿는 사람들이 점점 늘어난다. 뿐만 아니라 기존 믿는 성도들도 그런 상황을 전혀 이상하게 생각하지 않는다. 물론 개중에는 예수님을 믿으면 안 되는 일도 잘 되고 모든 것이 맘먹은 대로 되는 줄 알았다가 그런 것이 아니라서 실망하는 사람들도 있다. 하지만 대다수 성도들은 말씀을 순종하다가 당하는 어려움을 이상하게 생각하지 않는다.

그 이유가 무엇인가? 주님이 주신 생명이 무엇인지 알기 때문이다. 그 영원한 생명을 이미 누리기 시작했기 때문이다. 이 영원한 생명은 예수님 안에서 이미 시작되었다. 주님과 함께 살아가는 이 영생을 계속 체험하기 때문이다. 특별히 성도가 하나님의 말씀에 순종할 때마다 그 영원한 생명을 더 강하고 풍성하게 누리기 때문이다. 돌에 맞아 죽어가던 스데반 집사님의 경우에는 그 생명이 얼마나 풍성하던지 돌을 던지는 사람들을 오히려 긍휼히 여겼다. 그 죽음의 현장에 최고의 능력이 드러나고 있다.

나봇은 그 생명을 알았고 보았고 누렸다. 그래서 하나님의 명령을 순종할 수 있는 능력이 있었다. 하나님이 주신 능력으로 말씀을 지켜 낸 것이다.

아합이 이렇게 못 된 짓을 하고 있는 것을 하나님은 다 보셨다. 열왕기상 21장 17절로 18절이다. **'17 여호와의 말씀이 디셉 사람 엘리야에게 임하여 이르시되 18 너는 일어나 내려가서 사마리아에 있는 이스라엘의 아합 왕을 만나라 그가 나봇의 포도원을 차지하러 그리로 내려갔나니'** 좀 소름이 끼치지 않는가? 하나님은 모든 곳에 계시며 모든 것을 보고 계신다. 그러면 나봇이 죽지 않게 살려 주실 수도 있었다. 사실 성경에는 그런 놀라운 은혜의 사건이 수도 없이 나온다. 하지만 나봇과 같은 경우, 스데반 집사님과 같은 경우도 많이 나온다. 이 땅에 나쁜 사람들이 계속 존재하는 이유도 하나님이 주도적으로 그렇게 하시기 때문이다.

엘리야는 공식적으로 세 번째 아합 왕을 만나고 있다. 이 세 번째 만남이야말로 엘리야가 목숨을 걸고 만나는 만남이다. 이세벨의 위협으로 도망쳤던 엘리야가 다시 아합왕 앞에 나타나는 것이기에 죽을 수도 있다. 더구나 신실한 성도였던 나봇이 죽은 직후이기에 그 긴장감이 더했을 것이다. 하지만 엘리야는 이미 하나님을 신뢰하는 믿음이 회복된 상태였다. 죽든지 살든지 큰 문제가 되지 않을 정도로 회복이 되었기에 상관이 없었다.

엘리야는 하나님의 말씀을 듣고 아합에게 갔다. 아합은 선지자 엘리야가 다가오자 마음이 편치 않았다. 지금까지 자기에게 와서 좋은 말을 한 적이 없기 때문이다. 아니 사실 다 좋은 말만 했다. 자신의 입장에서 좋지 않았을 뿐이다. 엘리야를 보고 하는 첫 마디가 그것을 보여준다. 열왕기상 21장 20절에 **'내 대적자여'**하고 부른다.

그런데 엘리야가 '내 대적자여'라는 아합의 말에 대답을 하는데, 그 말 속에 아주 중요한 것을 언급하고 있다. 이 말은 하나님께 대한 아합의 신앙과 나봇의 신앙을 보여주는 중요한 말이다. 열왕기상 21장 20절이다.

'아합이 엘리야에게 이르되 내 대적자여 네가 나를 찾았느냐 대답하되 내가 찾았노라 네가 네 자신을 팔아 여호와 보시기에 악을 행하였으므로'

이 말씀 속에 '네 자신을 팔아'라는 말이 나온다. 스스로 팔아 여호와 보시기에 악을 행했다고 말씀한다. 이 '자신을 팔았다'는 말이 25절에 또 나온다. **'예로부터 아합과 같이 그 자신을 팔아 여호와 앞에서 악을 행한 자가 없음은 그를 그의 아내 이세벨이 충동하였음이라'**

그러면 자신을 팔았다는 이 말이 무슨 의미인가? 이 말은 무서운 말이다. 이 말은 자기의 영혼을 죄악에게 넘겨줬다는 말이다. 자기의 영혼을 죄악에게 넘겨주되 적극적으로 넘겨줬다는 의미다. 죄를 짓는데 망설임이나 주저함 없이 자신의 영혼을 죄에게 팔았다는 끔찍한 말이다. 이 말은 가룟 유다에게도 해당되는 말이다. 아합은 구약의 가룟 유다와 같은 사람이었다. 자신의 영혼을 스스로 죄악에게 넘겨준 사람이다.

요즘도 이런 사람들로 넘쳐나고 있다. 스스로를 죄에게 팔아넘긴 사람들 말이다. 돈 몇 푼 벌려고 영혼을 죄악에 넘기는 사람들이 너무나 많다. 권력과 명예를 잡을 수만 있다면 영혼을 죄악에 파는 사람들이 많다. 아이들을 더 좋은 학교에 보낼 수만 있다면 영혼을 죄악에 스스로 팔아넘기는 학부모들도 있다. 더 좋은 조건을 가진 사람과 결혼을 할 수만 있다면 영혼을 스스로 죄악에 넘기는 사람들도 있고 직장에서 상사에게 잘 보이기 위하여 스스로 영혼을 죄악에 팔아넘기는 사람들도 있을 수 있다.

아합이 바로 그런 사람이었다. 그러나 나봇은 그런 사람이 아니었다. 자신에게 아무리 이익이 되고 득이 된다고 해도 죄를 짓고 악을 행하는 일에 자신의 영혼을 팔아넘기는 사람이 아니었다. 나봇의 관심은 오직 하나님의 말씀에 순종하는 삶이었다. 하나님의 뜻대로 살고 하나님의 말씀에 순종하며 사는 것이 최고의 관심사였다. 이것이 주님을 우리 마음의 일번으로 모신다는 의미다. 나봇은 순종하다가 손해를 보든지 이익을 보든지 상관치 않았다. 결과는 하나님께 맡기고 오직 하나님의 뜻에 순종하는 삶이 나봇의 인생 목적이었다.

우리 중에는 아합 같은 사람이 있어서는 안 된다. 죄에게 우리의 영혼을 스스로 파는 사람들이 없어야 한다. 나봇처럼 하나님의 말씀에는 온전히 순종하고 죄악에 대해서는 언제나 "NO"라고 말할 수 있는 성도가 되어야 한다.

그러나 이런 멋진 신앙은 어느 날 갑자기 이루어지는 것이 아니다. 경건의 훈련이 필요하다. 반드시 필요하다. 그래서 사탄이 우리에게 접근하여 우리의 영혼을 죄악에 스스로 넘겨라, 스스로 팔라 할 때 저항할 수 있는 능력을 길러야 한다. 사탄은 우리에게 영혼을 팔아넘기라 윽박지르지 않는다. 미끼를 가지고 미혹하고 유혹한다. 모든 미끼가 다 그렇지만 사탄이 던지는 미끼는 특별히 먹음직하다. 맛있어 보이고 달콤해 보인다. 그래서 사람들이 그 미끼를 문다. 영혼까지 팔아넘기는 사람들이 많다. 만일 사탄이 맛있는 미끼를 사용하지 않는다면 스스로 영혼을 죄악에 팔아넘기는 사람은 한 사람도 없을 것이다.

따라서 이런 미끼를 구별하여 거절하려면 그것을 파악하고 분별할 수 있는 능력을 길러야 한다. 이것은 누가 대신해주지 않는다. 그러나 그 원리는 배울 수 있다. 바로 나봇에게서 배울 수 있다.

내 자신을 지키려면(왕상 21:17-25)

그렇다면 나봇이 하나님의 말씀을 순종하고 그 영혼을 스스로 죄악에 팔아넘기지 않을 수 있었던 비결은 무엇이었을까? 그것은 하나님께서 자신을 언제나 보고 계신다는 사실을 잊지 않았다는 것이다. 왕상21장 3절에 보면 그 사실을 분명히 알 수 있다.

'나봇이 아합에게 말하되 내 조상의 유산을 왕에게 주기를 여호와께서 금하실지로다 하니'

왕이 포도원을 팔라 또 다른 땅과 맞바꾸자고 하는데 이와 같이 거부할 수 있다는 것은 쉬운 것이 아니다. 그런데도 나봇은 왕명을 거절하고 있다. 이것은 나봇이 하나님의 말씀을 얼마나 소중히 여기는 사람이었는지를 보여준다. 특히 나봇은 하나님께서 언제나 자신을 보고 계신다는 사실을 잊지 않았다.

나봇은 언제나 이 진리를 기억하며 살았다. 이 진리를 기억하며 늘 경건의 훈련을 했다. 어떤 경건훈련을 했는가? 하나님의 눈을 마주보는 훈련을 하면서 살았다. 이 말은 나봇이 항상 '신전의식'속에서 살았다는 말이다. 나봇은 '나는 언제나 하나님 앞에 있다, 하나님은 언제나 나를 보고 계신다'라는 진리를 의식하면서 살았다. 뿐만 아니라 나봇은 기회가 있을 때마다 하나님의 눈동자를 주시하면서 살았다.

그렇다. 하나님은 나봇과 아합 사이에 일어나는 모든 일을 다 보고 계셨다. 아합은 자신의 이익을 위하여 자신의 영혼을 스스로 팔아 넘겼다. 그러나 나봇은 자신의 영혼을 결코 팔지 않았다. 그 차이가 무엇이었나? 바로 전능하신 하나님이 언제나 어느 때나 불꽃같은 눈초리로 자신을 지켜보고 계신다는 것을 아느냐 모르느냐에 달려 있었다. 그 사실을 믿느냐 믿지 않느냐에 달려 있었다.

하나님은 언제나 우리를 보고 계신다. 졸지도 주무시지도 않고 우리를 지켜보고 계신다. 그 이유가 무엇인가? 바로 우리를 복 주시기 위함이다. 우리를 도와주시기 위함이다. 우리에게 능력을 주시고 새 힘을 주시기 위함이다. 하나님께서 우리를 지켜보시는 이유는 잘못했을 때 벌 주시기 위함이 결코 아니다. 하나님께서 우리를 지켜보시는 이유는 우리를 새롭게 하시며 우리가 영생을 누리게 하기 위함이다.

따라서 모든 하나님의 백성들은 우리를 지켜보시는 하나님의 눈동자를 볼 줄 알아야 한다. 하나님의 눈과 우리의 눈이 마주치는 삶을 살아야 한다. 이것이 삶의 최우선 순위가 되어야 한다. 우리 마음의 눈을 크게 뜨고 우리를 바라보시는 하나님의 눈을 보라. 한번 보고 두 번 보고 또 보기 바란다. 아예 삶 속에서 틈틈이 보고 하루를 시작하는 처음시간을 하나님 눈과 내 눈을 마주치는 시간으로 정해야 한다. 가능하다면 주의 성전에 나와서 하나님의 눈을 보라. 그게 여의치 않다면 자신에게 맞는 장소를 정하여 하나님의 눈을 바라보라.

이렇게 주님의 눈을 바라보는 시간은 우리의 삶에 최우선이 되어야 한다. 이것은 아무리 강조해도 지나침이 없다. 엄마와 아기가 눈을 마주칠 때 서로 교감이 오가고 생명이 오가고 능력이 오가듯이 하나님의 눈과 우리의 눈이 마주칠 때 생명을 누리고 능력을 덧입게 된다. 하나님과 눈을 마주치게 되면 거기서 대화가 시작된다. 할 말이 없어도 괜찮다. 아기가 엄마와 눈을 마주쳐 보라. 아기가 말을 할 줄 몰라도 아무 상관이 없다. 왜 그런가? 누가 대화를 주도하는가? 엄마가 다 한다. 수필도 쓰고 소설도 쓰면서 심지어 한편의 영화도 만들어낸다. 아기는 그냥 눈만 뜨고 엄마를 바라보기만 하면 된다. 그렇게 아기가 성장하면서 진짜 한 마디 두 마디 말을 하기 시작한다. 그 때 엄마는 흥분한다. 감동한다. 하나님 앞에 나와서 하나님의 눈을 바라보기만 하라. 하나님이 다 말씀하신다. 그러면서 점차 한 마디 두 마디 하나님께 드릴 말이 생각나기 시작한다. 그 때 하나님이 기뻐하신다. 하나님께로부터 능력이 오고 생명이 옴을 느끼게 된다.

이것이 나봇과 아합의 차이였다. 언제나 자신을 보고 계시는 하나님을 바라보느냐 보지 않느냐의 차이였다. 아프리카 속담에 '바쁜 사람은 나쁜 사람'이라는 말이 있단다. 바쁜 사람이라고 다 나쁜 사람은 아닐 것이다. 그게 사실이라면 바쁘게 살면 안 된다. 그러나 하나님의 눈을 쳐다볼 시간도 없이 바쁘게 산다면 정말 나쁜 사람이 될 수 있다.

스티븐 코비라는 유명한 작가가 있다. 그 사람이 쓴 책 중에 '소중한 것은 먼저 하라'는 것이 있다. 그 안에는 한 강사가 시간 관리에 대하여 학생들에게 강의하는 내용이 소개되어 있다. 그 강사는 큰 항아리에 주먹 만 한 돌을 가득 넣었다. 그리고는 학생들에게 질문했다. "이 항아리가 다 찼을까요?" 강사의 의도를 모르는 학생들은 그렇다고 대답을 했다. 그러자 강사는 웃으면서 준비해온 작은 자갈을 그 돌 사이에 넣기 시작했다. 다 채우고 나서 다시 학생들에게 같은 질문을 했다. 이번에는 학생들이 가만히 있었다. 강사는 학생들이 대답을 하지 않자 이번에는 다시 모래를 가져와서 그 항아리에 붓기 시작했다. 주먹 만 한 돌과 그 돌보다 작은 자갈 사이로 적지 않은 모래가 들어갔다. 모래를 채워놓고 그 강사는 학생들에게 다시 같은 질문을 했다. 학생들은 이미 그 의도를 알았으므로 다 차지 않았다고 대답했다. 이 대답을 들은 강사는 마지막으로 물을 그 항아리에다가 부었다. 항아리에서 물이 넘쳐흘렀다.

강사는 말했다. "이제야 이 항아리는 가득 찬 것입니다." 강사는 계속 질문을 했다. "지금 이 항아리 채우는 것을 보고 여러분들이 '시간'에 대하여 배운 교훈은 무엇입니까?" 그러자 한 학생이 대답했다. "우리의 삶이 아무리 바빠도 더 뽑아낼 시간은 항상 있다는 것입니다." 그러자 이 강사는 웃으면서 말했다.

“그런 의도가 아닙니다. 여기서 이끌어 낼 수 있는 교훈은, 큰 돌을 먼저 항아리에 넣지 않으면 나중에는 큰 돌들이 들어갈 수 없다는 것입니다.”

그렇다. 만일 이 항아리에 물부터 부으면 어떻게 될까? 그 다음 모래는 들어갈 수 있다. 문제는 모래까지만 들어가고 나머지 즉 작은 자갈이나 큰 돌은 그 항아리에 들어갈 수 없다.

인생의 우선순위는 큰 돌과 같은 것이다. 인생의 우선순위는 반드시 인생이라는 항아리에 가장 먼저 집어넣어야 한다. 우선순위가 아닌 것을 먼저 인생의 항아리에 집어넣으면 우선순위에 있는 중요한 것을 넣을 수가 없게 된다.

우리 삶의 우선순위가 무엇인가? 그것은 하나님과 눈을 맞추는 것이다. 우리를 불꽃같은 눈으로 바라보시는 하나님의 눈을 바라보는 것이다. 하나님의 눈치를 보며 산다고 해도 될 것 같다. 우리를 향하신 하나님의 눈을 바라보는 것이 우선순위가 되어야 한다. 평소에 생각날 때마다 하나님의 눈을 바라보는 습관을 길러야 한다. 특히 하루를 시작하는 첫 시간에 하나님의 눈을 바라보는 것이 우리 인생의 우선순위가 되어야 한다. 바로 이것이 그 항아리에 큰 돌과 같은 역할을 하기 때문이다.

나봇은 돌을 인생의 항아리에 가장 먼저 집어넣은 사람이고 아합은 그 순서를 무시한 사람이다. 나봇은 자신을 바라보시는 하나님의 눈동자를 언제나 바라보는 삶을 인생의 최우선으로 삼은 사람이고 아합은 자신을 바라보시는 하나님의 시선을 피한 사람이다.

그 결과 나봇은 하나님 앞에서 능력 있는 삶을 살았고 아합은 자신의 영혼을 스스로 죄악에게 내어주고 말았다. 특별히 열왕기상 21장 25절 말씀에 보면, 아합이 자신의 영혼을 죄악에 팔아넘기도록 원인을 제공한 사람이 나온다. 누군가? 바로 자신의 아내였던 이세벨이었다. 25절 말씀에 보면 이세벨이 아합을 충동했다고 말씀한다. 아합이 평소에 자신을 보시고 자신을 감찰하시는 하나님께 눈을 맞추는 삶에 최우선을 두고 살았다면 이런 못 된 충동을 따라 영혼을 팔지 않았을 것이다.

충동과 선동을 이기지 못하면 위험하다. 세상에서도 우리는 정치인들의 선동을 구별할 줄 아는 것이 중요하다. 그러나 영적인 부분 특히 우리의 영혼과 관련된 사탄의 선동을 구별할 줄 아는 것은 더 중요하다. 그 선동을 구별하고 이기는 방법은 의외로 간단하다. 우리를 보고 계시는 하나님과 눈 맞추는 삶을 살면 된다. 그런 삶이 우리의 최우선이 된다면 그 어떤 충동이나 선동도 이겨낼 수 있다.

이 시대를 살아가는 수많은 사람들의 안타까운 점은 하나님과 눈 맞추는 시간이 없다는 사실이다. 하나님을 바라보지 않는다. 하나님을 바라보는 시간을 갖지 않는다. 오히려 그것보다는 다른 것을 바라본다. 스마트폰은 몇 시간씩 뚫어져야 바라보면서도 주님의 눈은 바라보지 않는다. 모래와 같고 작은 자갈 같은 일을 하는 것 때문에 너무 바쁘다. 그래서 인생의 항아리에 물을 먼저 채우고 모래를 먼저 채워 버린다. 그 결과 자갈이나 주먹 만 한 돌은 인생의 항아리에 들어갈 틈이 없게 된다.

세상에 그 어떤 일보다도 우리를 바라보시는 하나님의 눈을 바라보는 일이 더 중요하다. 하나님의 눈을 바라볼 때 무엇이 보이는가? 우리에게 주신 하나님의 유산이 보인다. 바로 예수님이시다. 예수님 안에 모든 것이 들어 있다. 말로 글로 표현할 수 없는 무한한 은총과 선물이 예수님 안에 다 들어 있다. 하나님과 눈을 맞춰야 하는 이유다. 이 일을 먼저 해야 다른 일도 제대로 할 수 있다. 이 일을 하지 않고 다른 일부터 하면 우리는 나봇이 될 수 없다. 오히려 아합의 길로 걸어가기가 쉽다.

아프리카의 어느 부족은 여행을 할 때 이 삼 일 걸어간 다음에는 그 장소에서 이 삼 일 간 머문 다음 또 목적지를 향해 간다고 한다. 왜 이렇게 오래 머물러 시간을 허비하냐 했더니, 자신들의 영혼이 따라 오기를 기다려야 되기 때문에 걸어온 시간만큼 머문다고 한다.

지금 우리의 영혼은 안녕하신가? 우리의 영혼은 날마다 하나님의 얼굴과 눈을 보고 살 때 강건해진다. 아기가 엄마와 눈 맞추며 커야 제대로 크듯이 우리도 하나님과 눈 맞추며 살아야 제대로 산다. 하나님은 지금도 우리를 보고 계신다. 우리도 눈을 들어 하나님의 눈과 맞추며 살기를 원하신다. 우리의 삶에 이것을 최우선 순위에 둬야 한다.

나봇이 그렇게 산 사람이다. 우리들도 이 진리를 나봇처럼 굳게 붙잡고 살아야 한다. 그래야 우리의 영혼을 죄악에게 팔아넘기지 않는다. 돈 몇 푼에 영혼을 팔지 않는다. 조그만 이익에 영혼을 팔지 않는다. 잘못된 말에 귀를 기울이지 않으며 잘못된 충동에 넘어가지 않는다.

나봇처럼 언제나 하나님과 눈 맞추고 살아가자. 그래서 세상의 어떤 충동에도 넘어가지 않고 오직 하나님의 말씀에만 순종하며 살아가자.

토의문제

1. 열왕기상 21장 2절, 나봇에게 하는 이 제안이 왜 문제가 되는지 아합의 관점에서 나눠보라.

'아합이 나봇에게 말하여 이르되 네 포도원이 내 왕궁 곁에 가까이 있으니 내게 주어 채소 밭을 삼게 하라 내가 그 대신에 그보다 더 아름다운 포도원을 네게 줄 것이요 만일 네가 좋게 여기면 그 값을 돈으로 네게 주리라'

2. 열왕기상 21장 4절, 아합의 제안을 거절하는 나봇의 신앙과 나의 신앙을 비교하면서 나눠보라.

'이스르엘 사람 나봇이 아합에게 대답하여 이르기를 내 조상의 유산을 왕께 줄 수 없다하므로 아합이 근심하고 답답하여 왕궁으로 돌아와 침상에 누워 얼굴을 돌리고 식사를 아니하니.'

3. 하나님의 말씀을 순종하다가 손해 본 경험이 있으면 나눠보라.

4. 열왕기상 21장 20절, '자신을 팔았다'는 의미를 나눠보라.

'아합이 엘리야에게 이르되 내 대적자여 네가 나를 찾았느냐 대답하되 내가 찾았노라 네가 네 자신을 팔아 여호와 보시기에 악을 행하였으므로'

5. '항아리' 이야기를 통하여 배운 것, 결단한 것을 나눠보라.

1. 토의 내용을 통하여 하나님께 찬양하고 감사하며 고백하고 회개하라.

2. 토의 내용을 통하여 주신 기도제목을 가지고 간구하라.

여호와께서 모세에게 말씀하여 이르시되 은 나팔 둘을 만들되 두들겨 만들어서 그것으로 회중을 소집하며 진영을 출발하게 할 것이라

(민 10:1–2)

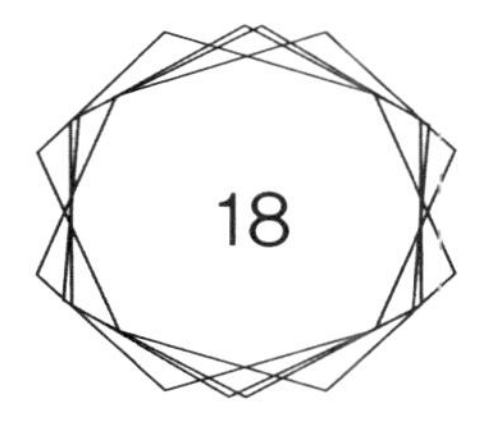

여호사밧과 아합

(왕상 22:29-36)

이스라엘에는 하나님께 부름 받은 위대한 선지자들이 많았다. 하지만 선지자의 등장을 마냥 좋다고 할 수만은 없다. 왜냐하면 대부분 선지자들이 등장할 때는 백성들의 신앙상태가 하나님 마음에 들지 않을 경우가 대부분이었기 때문이다. 이스라엘에는 수많은 선지자가 등장하여 하나님의 사명을 감당했는데, 그들의 주요 사명은 하나님의 뜻대로 살지 않는 백성들에게 회개하고 돌아올 것을 선포하는 것이었다. 죄악의 길에서 돌아오면 하나님께서 용서하시고 다시 복을 주시겠다는 말씀이 대다수 선지자의 사명이었다. 이사야도 그랬고 호세아 요엘 아모스 등도 마찬가지다. 우리가 지금 다루고 있는 엘리야 선지자의 외침도 동일하다.

그런데 예레미야 선지자는 좀 다르다. 예레미야 선지자가 하나님께 받았던 메시지는 이스라엘의 회복과 관련이 있으나, 심판에 대한 말씀의 차원이 전혀 다르다. 다른 선지자들의 말씀은 회개할 때 심판으로부터 벗어나게 하시겠다는 말씀이었으나 예레미야는 일단 하나님의 심판을 피할 수 없다고 선포했다.

많은 선지자들이 이스라엘 백성들에게 미움을 받았다. 선지자들은 하나님의 뜻대로 살지 않는 백성들에게 회개할 것을 선포했기 때문에 백성들에게 인기가 없었다. 그러나 예레미야만큼 미움을 받은 선지자가 없었다. 왜냐하면 예레미야는 회개하고 돌아오라는 메시지가 아니었기 때문이다. 백성들이 너무 악하고 죄를 많이 지어서 하나님의 심판을 돌이키기엔 이미 때가 늦었다는 것이었다. 이제는 하나님께서 경고하신대로 징벌과 심판의 때가 다가오고 있으므로 그 심판을 겸허히 받아들이라 선포했다. 그래서 백성들이 미워했고 특히 권력을 잡은 사람들이 예레미야를 더 미워했다.

예레미야 애가는 하나님의 심판이 시작되어 이스라엘 구석구석까지 망해가는 모습을 적나라하게 보여주는 하나님의 말씀이다. 예레미야 애가를 읽어보면 어디 하나 성한 데가 없다. 망해도 그렇게 철저하게 망할 수 없다. 눈물이 강을 이루고 통곡이 온 나라를 채우고 있다.

그러나 이러한 하나님의 이스라엘 심판은 어느 날 갑자기 경고도 없이 시작된 것이 아니었다. 하나님은 선지자들을 계속 보내셔서 권면하시고 경고하셨다. 기록된 말씀으로도 하셨고 약속 된 말씀도 사용하셨고 선포된 말씀으로도 하셨다. 그러나 이스라엘 백성들이 듣지 않았다. 특히 권력자들이 하나님의 말씀을 순종하지 않았고 이스라엘은 철저하게 파괴되었다.

열왕기상 마지막 장에 나오는 아합 왕의 삶을 보면 패역한 이스라엘의 삶을 적나라하게 보여주는 축소판이다. 하나님은 기회가 있을 때마다 엘리야를 아합에게 보내셔서 하나님의 뜻이 무엇인지를 깨닫게 하셨다. 말씀하셨고 경고하셨고 실제로 그 뜻을 보여 주셨다. 그러나 아합은 하나님의 음성을 듣지 않았다. 오히려 순종하지 않고 무시했다.

하나님의 말씀을 지키며 사는 것은 성도에게 즐거운 일이다. 불편한 일이 아니다. 오히려 성도가 하나님의 말씀을 거역하며 사는 것이 더 어려운 일이다. 순종하며 사는 것이 생명의 길이고 영광이 넘치고 훨씬 행복하고 유익하다. 그러나 수많은 사람들이 불순종한다. 이것은 행복한 삶을 거부 하고 포기하는 것이다. 사실 이러한 행위는 에덴동산의 반역이 지금도 계속되고 있음을 뜻한다. 너무나 안타까운 일이 아닐 수 없다.

내 마음대로(왕상 22:1-23)

더 어이가 없는 것은 많은 사람들이 그렇게 살면서도 스스로는 별 문제가 없다고 생각하는 것이다. 하나님의 뜻대로 살지 않으면서도 아무런 문제가 없다고 여긴다. 우리는 그런 모습을 아합 왕의 삶을 통하여 자세하게 살펴볼 수 있다.

아합은 열왕기상 21장에서 못된 욕심으로 나봇에게 누명을 씌워 죽임으로 하나님의 무서운 경고를 받았다. 계속해서 경고를 받아오던 아합은 돌아올 수 없는 길로 가고 말았다. 엘리야는 아합의 생명이 하나님의 심판으로 머지않아 비참하게 끝날 것을 통보했다. 위대한 믿음의 사람이었던 나봇이 죽었을 때 개들이 그 피를 핥았듯이 아합 왕이 죽을 때 역시 개들이 그의 피를 핥을 것이라고 말했다.

열왕기상 22장 1절은 본문의 배경을 설명한다.

'아람과 이스라엘 사이에 전쟁이 없이 삼 년을 지냈더라.'

아람나라와 3년 정도의 휴전기간을 가지고 있었다. 바로 그 때 같은 민족이었던 남쪽을 다스리고 있던 유다왕인 여호사밧이 북쪽 왕이었던 아합을 방문했다.

여호사밧 왕은 아합 왕과 달리 하나님을 잘 섬기는 왕이었다. 하나님께 인정을 받는 왕이었다. 그러나 털어서 먼지 안 나는 사람 없다고, 여호사밧 왕도 큰 실수를 한 것이 있었다. 바로 하나님을 제대로 섬기지 않는 아합 왕과 동맹을 맺은 것이다. 열왕기상 22장 3절과 4절을 보면, 북 이스라엘과 아람과의 전쟁에 여호사밧이 참여하고 있다. 동맹을 맺었기 때문이다.

'3 이스라엘의 왕이 그의 신하들에게 이르되 길르앗 라못은 본래 우리의 것인 줄을 너희가 알지 못하느냐 우리가 어찌 아람의 왕의 손에서 도로 찾지 아니하고 잠잠히 있으리요 하고 4 여호사밧에게 이르되 당신은 나와 함께 길르앗 라못으로 가서 싸우시겠느냐 여호사밧이 이스라엘 왕에게 이르되 나는 당신과 같고 내 백성은 당신의 백성과 같고 내 말들도 당신의 말들과 같으니이다.'

아합 왕은 원래 자신의 영토였던 '길르앗 라못'을 다시 찾아야겠다고 말하고 있다. 그러면서 여호사밧에게 도움을 요청한다. 즉 연합군을 만들 것을 제안하는데, 아마도 아합은 여호사밧의 힘을 빌리려는 계획을 미리 세웠던 것 같다.

여호사밧은 아합의 제안을 거절하지 못한다.

하지만 하나님을 경외하는 왕이었던 여호사밧은, 5절에서 아합에게 중요한 제안을 한다.

'여호사밧이 또 이스라엘의 왕에게 이르되 청하건대 먼저 여호와의 말씀이 어떠하신지 물어 보소서' 참으로 멋진 제안이 아닌가?

이 말씀이야말로 성도의 특징을 잘 보여주고 있다. 성도는 무슨 일이든지 할 때 하나님께 물어보는 사람이다. 내가 하려고 하는 이것이 하나님의 뜻과 어긋나지는 않는지, 하나님의 영광을 나타낼 수 있는지, 나에게 궁극적으로 유익한지 등을 하나님께 물어본다. 그러나 올

바르지 못한 성도는 하나님께 물어보지 않는다. 어떤 상황에서든지 자신의 마음대로 일을 처리한다. 우리는 어떤가? 인생의 중대사는 물론 작은 일에까지 하나님께 물어보는 습관을 가지고 있는가? 여호사밧은 인생의 대소사를 여호와께 물어보고 있다. 좀 아쉬운 점, 궁금한 점이 있다면 아합 왕과 동맹을 맺을 때 여호와께 물어 봤는지가 궁금하다. 그러나 분명히 이 사안에 대해서만큼은 칭찬을 받아야 한다. 여호사밧은 신앙적인 뼈대가 있는 사람이었다.

여호사밧의 도움이 필요했던 아합은 북 이스라엘에 남아 있던 선지자들을 소집하여 아람과의 전쟁이 하나님의 뜻에 맞는지를 물어보게 했다. 열왕기상 22장 6절이다.

'이스라엘의 왕이 이에 선지자 사백 명쯤 모으고 그들에게 이르되 내가 길르앗 라못에 가서 싸우랴 말랴 그들이 이르되 올라가소서 주께서 그 성읍을 왕의 손에 넘기시리이다.'

아합 왕이 부른 선지자는 모두 400 여명이 된다고 말씀하고 있다. 그 선지자들은 가서 아람과 전쟁을 하면 틀림없이 대승을 거두고 길르앗 라못도 다시 되찾을 수 있다고 말했다. 400여명이 입이라도 맞춘 것처럼 아주 분명하고 명쾌하게 예언을 했다.

이 말은 들은 여호사밧은 좀 이상함을 느꼈다. 성도의 마음은 특별한 기능이 있다. 하나님의 성령께서 내주하시기 때문에 하나님의 뜻에 어긋나면 마음이 불안하고 불편하다. 하나님의 뜻에 맞으면 마음에 평강이 있다. 400여명의 선지자들의 예언을 들은 여호사밧의 마음에는 평강이 없고 왠지 불안했다. 그래서 여호사밧은 아합 왕에게 또 다른 선지자는 없느냐고 물었다.

그랬더니 아합 왕이 대답한다. 열왕기상 22장 8절이다. **'이스라엘의 왕이 여호사밧 왕에게 이르되 아직도 이믈라의 아들 미가야 한 사람**

이 있으니 그로 말미암아 여호와께 물을 수 있으나 그는 내게 대하여 길한 일은 예언하지 아니하고 흉한 일만 예언하기로 내가 그를 미워하나이다 여호사밧이 이르되 왕은 그런 말씀을 마소서'

아합 왕은 미가야라는 선지자가 하나 있긴 한데 자신은 별로 미가야를 신뢰하지 않는다고 했다. 아니 한 걸음 더 나아가 미워한다고 말하고 있다. 그 이유가 무엇인가? 미가야는 아합 왕에 대하여 좋은 일은 예언하지 않고 나쁜 일만 예언했기 때문이다. 이 말을 들은 여호사밧 왕은 아합 왕에게 그 선지자가 필요하다고 말했다.

이에 아합은 미가야 선지자를 불렀다. 미가야는 예언하기를 모두 다 전쟁터에서 잘 돌아올 것이나 아합 왕만은 죽을 것이라 예언했다.

열왕기상 22장 20절로 23절이다. **'20 여호와께서 말씀하시기를 누가 아합을 꾀어 그를 길르앗 라못에 올라가서 죽게 할꼬 하시니 하나는 이렇게 하겠다 하고 또 하나는 저렇게 하겠다 하였는데 21 한 영이 나아와 여호와 앞에 서서 말하되 내가 그를 꾀겠나이다 22 여호와께서 그에게 이르시되 어떻게 하겠느냐 이르되 내가 나가서 거짓말하는 영이 되어 그의 모든 선지자들의 입에 있겠나이다 여호와께서 이르시되 너는 꾀겠고 또 이루리라 나가서 그리하라 하셨은즉 23 이제 여호와께서 거짓말하는 영을 왕의 이 모든 선지자의 입에 넣으셨고 또 여호와께서 왕에 대하여 화를 말씀하셨나이다.'**

참 끔찍하고 무서운 예언이다. 미가야는 하나님과 천사들이 아주 중요한 사실을 의논하는 것을 말하고 있다. 하나님께서는 수많은 경고에도 불구하고 계속해서 불순종하는 아합을 죽이시려고 작정을 하셨다. 지금 그 사실을 천사과 함께 의논하신다. 어떻게 하면 아합으로 하여금 길르앗 라못으로 올라가 거기서 죽게 할 것인가를 상의하셨다. 바로 그 때 어떤 천사가 하나님 앞에 나아가서 말한다. 자신이 거짓말하는 영이 되어 아합이 길르앗 라못으로 올라가게 하겠다고 말한다. 그리고 그 전쟁에서 싸우다가 죽게 하겠다는 제안을 하자 하나님께서 그 제안을 허락하셨다.

이 말을 들은 아합 왕과 400여명의 선지자들은 화를 내면서 미가야를 폭행했다. 아합 왕은 자신이 전쟁을 마치고 돌아올 때까지 미가야를 감옥에 가두고 고생의 떡과 고생의 물을 먹이라고 명령했다. 그러자 미가야는 아합 왕에게 그가 전쟁에서 돌아오지 못할 것이라고 선포한다.

내 마음대로의 결말(왕상 22:30-36)

그러나 아합은 선지자 미가야의 말을 무시했다. 자신은 결코 죽지 않을 것이라고 확신했다. 지금까지도 하나님의 도움 없이 잘 살아왔다고 자부했기 때문이다. 아합은 당당하게 전쟁터로 올라갔다. 우리는 이 이야기의 핵심을 정확히 봐야 한다. 아합은 하나님의 말씀을 무시하고 자신의 생각대로 전쟁터로 올라가고 있다. 아합은 하나님의 말씀대로 전쟁터에서 죽는다. 아합은 자신의 생명을 스스로 지켜낼 수 있다고 확신했다.

그러나 아합이 전쟁터였던 길르앗 라못으로 올라간 것은 하나님께서 올라가게 하신 것이다. 망하는 장소로, 멸망과 죽음의 장소로 하나님이 보내셨다.

우리가 내 지혜만을 의지하고 하나님의 뜻을 무시하는 삶을 살게 될 때 이런 일이 일어난다. 무덤으로 가면서도, 죽으러 가면서도 그것을 알지 못한다. 오히려 성공할 것 같고 승승장구할 것 같은 확신이 든다. 그러나 잊지 말아야 할 진리가 있다. 거짓된 확신도 분명히 존재한다는 것이다. 여기에 걸려들면 약이 없다. 하나님께서 망하게 하시려 할 때, 모든 상황을 바르게 보지 못한다. 우리에게 이런 일이 일어나면 안 된다. 좀 부족한 것 같아도 언제나 하나님의 말씀에 순종하는 삶을 살아야 하는 이유다. 그 길만이 우리의 행복과 기쁨을 보장한다.

아합 왕은 여호사밧 왕과 함께 전쟁터로 올라갔다. 아합은 올라가면서 한 가지 계획을 세웠다. 열왕기상 22장 30절이다.

'이스라엘의 왕이 여호사밧에게 이르되 나는 변장하고 전쟁터로 들어가려 하노니 당신은 왕복을 입으소서 하고 이스라엘의 왕이 변장하고 전쟁터로 들어가니라.'

아합은 여호사밧 왕에게 왕복을 입으라 했다. 이 말은 여호사밧 왕에게 전쟁의 모든 지휘권을 넘겨준다는 뜻이기도 하다. 여호사밧 왕에게 총사령관을 맡으라는 의미였다. 그리고 자신은 변장하고 들어가서 싸우겠다고 말했다. 여기에는 이번 전쟁에서 하나님의 예언이 틀렸음을 증명하려는 악한 의도가 들어 있다. 왜냐하면 고대 전쟁에서 왕만 죽으면 전쟁이 끝나기 때문에 전쟁 시에는 상대방의 왕만 공격하는 특공대가 조직되어 있었기 때문이다. 어느 편에나 이런 군대가 다 있었다.

열왕기상 22장 31절에 보면, 아람 왕이 자신의 특공대에게 그런 명령을 내리고 있다. 그래서 계획한대로 총 지휘권을 여호사밧 왕에게 주고 자신은 일반 장수로 변장하고 전쟁터로 들어갔다. 그런데 심각한 문제가 일어났다. 하나님의 말씀을 무시하고 자기 마음대로 살아온 아합 왕에게 끔찍한 일이 일어난 것이다. 아합 왕은 스스로 지혜롭게 행동하고 있다고 확신했다. 죽는다 해도 유다 왕 여호사밧이 죽을 것이고 자신은 변장했기 때문에 죽지 않을 것이라고 믿었다. 그러나 그것은 착각이었다. 자기 마음대로 될까? 열왕기상 22장 34절이다.

'한 사람이 무심코 활을 당겨 이스라엘 왕의 갑옷 솔기를 맞힌지라 왕이 그 병거 모는 자에게 이르되 내가 부상하였으니 네 손을 돌려 내가 전쟁터에서 나가게 하라 하였으나'

아람 군인 한명이 이스라엘 군대를 향하여 무심코 활을 당겼다. 여기서 무심코 라는 말은 조준해서 쏘지 않았다는 말이다. 그냥 이스라엘 군대를 향하여 아무나 맞고 죽으라고 활을 쏘았다. 그런데 그 화살이 하필이면 누구에게 날아갔는가? 바로 아합에게 날아갔다. 아합에게 날아가서 갑옷 솔기를 맞췄다고 기록하고 있다. 여기 '솔기'라는 말은 금속으로 된 갑옷의 이음새를 가리킨다. 화살이 그곳은 정확하게 맞히면 갑옷이 뚫리게 되어 있다.

아합은 치명상을 당했다. 아합은 심히 당황해 했다. 갑옷 솔기를 통하여 화살을 맞았다는 사실이 이해되지 않았다. 그 사이로 들어온 화살은 피부 깊숙이 박혔다. 피가 흐르기 시작했으므로 아합은 병거를 모는 군인에게 그 싸움터에서 일단 벗어나도록 명령했다. 그래야 지혈도 하고 치료도 받을 수 있기 때문이다. 그런데 이상한 일이 계속 벌어진다. 지금 아합 주변에 있는 군인들은 아합이 누군지 모르는 상태다. 그럼에도 불구하고 적군들이 아합 왕이 타고 있는 병거로 계속 돌진해 왔다. 아합 왕과 병거를 모는 자는 그 적들과 계속 싸워야 했다. 적과 싸우느라고 아합 왕은 지혈을 할 수가 없었다. 결국 어떻게 되었는가? 열왕기상 22장 35절이다.

'이 날에 전쟁이 맹렬하였으므로 왕이 병거 가운데에 붙들려 서서 아람 사람을 막다가 저녁에 이르러 죽었는데 상처의 피가 흘러 병거 바닥에 고였더라.' 전쟁이 맹렬하였으므로 아합 왕이 그곳을 벗어나지 못하고 계속해서 병거 가운데 붙들려 서 있었다. 즉 밀려드는 아람 군인들을 막다가 저녁때가 되어 아합 왕은 죽고 말았다.

아마 싸움터 밖으로 나가서 화살을 제거하고 흐르는 피를 멈추게 했더라면 아합 왕은 살 수 있었을 것이다. 하지만 전쟁터 밖으로 나가지 못하게 무엇인가가 막고 있었다. 바로 하나님이 그렇게 하신 것이다. 결국 아합 왕은 흐르는 피를 막지 못하여 창백해진 얼굴로 비참하게 인생을 마감하고 말았다.

하나님의 말씀에 순종하면 넘치는 복을 받는다. 그러나 의도적으로 하나님의 말씀에 불순종하면 하나님께서 반드시 망하게 하신다. 망하게 하는 상황을 보면 특별한 것이 없다. 어떤 일이 우연히 일어나는 것 같다. 그러나 그것은 우연을 가장한 필연이다. 이런 상황을 파악할 줄 모른다면 안타까운 것이다. 문제가 일어나서 그 문제를 해결하려하는데 제2, 제3의 문제가 계속 일어나고 있다면 그래서 이것도 저것도 해결하지 못하고 있다면 위험한 것이다. 결국 그 문제들에 둘러싸여 무너지는 것이다. 그렇다면 성도가 이런 상황에 처한다면 소망이 없는 것일까? 삶 속에서 하나님의 진노로 심판을 받는 상황이 발생하면 다른 방법이 없을까? 방법이 있다. 우리는 아합 이야기 속에서 중요한 교훈을 얻을 수 있다.

본문에 보면 화살을 맞은 아합이 한 일은 두 가지였다. 하나는 병거를 모는 부하 군인에게 흐르는 피를 지혈시키기 위하여 전쟁터를 벗어나라는 말이었고 또 하나는 그 말이 끝나자마자 밀려드는 아람나라 군인들과 싸운 일이다.

이 상황에서 성경 어디를 살펴봐도 아합이 회개했다는 말이 없다. 하나님은 회개하는 자를 기뻐하신다. 아무리 죽을죄를 지어도 회개하면 용서하시는 분이 하나님이시다. 아합은 참 안타까운 사람이다. 열왕기상 21장 마지막 부분에서 아합은 하나님의 놀라운 은혜를 경험했었다. 즉 아합이 나봇을 잔인하게 죽인 일에 대하여 하나님이 선지자 엘리야를 보내셔서 심판을 선언하셨을 때 아합은 회개를 했고 하나님은 그 모습에 감동을 받으시고 아합에게 내리셨던 재앙과 벌을 연기하셨다. 그러나 본문을 아무리 봐도 화살을 맞은 아합이 하나님께 회개했다는 말이 없다. 자신이 선지자 미가야의 예언을 멸시하고 하나님의 다른 말씀에도 불순종해서 이런 심판이 왔다고 회개하는 모습이 보이지 않는다.

만일 이런 위급한 순간에 아합이 하나님 앞에 회개했다면 어떻게 되었을까? 틀림없이 살아났을 것이다. 하나님께서 밀려들던 아람나라 군대를 다른 곳으로 가게 하셔서 부상당한 부분을 치료할 수 있도록 하셨을 것이다. 그러나 아합은 회개하지 않았다. 밀려드는 아람군대와 힘겹게 싸우다가 비참하게 최후를 맞이하고 말았다.

하나님의 뜻대로 사는 사람(왕상 22:31-33)

기차는 철로 위를 달리지 못한다면 기차라고 할 수 없다. 또 기차가 철로 위를 달리는 것이 싫다고 철로 밖으로 간다면 안타까운 일이다. 사람도 마찬가지다. 사람은 하나님의 말씀대로 살아야 한다. 그게 축복의 길이고 영광의 길이다. 말씀에 순종하는 것이 싫다 하여 말씀 밖으로 나가면 축복과 영광이 사라진다. 하나님께서 우리를 창조하실 때 그렇게 만드셨다.

본문에 나타나는 아합은 하나님의 뜻대로 살지 않은 사람이다. 모든 삶을 대부분 자기 마음대로 산 사람이다. 그 결과는 비참하고 끔찍했다. 그런데 본문에 또 한 사람의 왕이 등장하고 있는데 이 사람은 아합과 다른 삶을 살았다. 바로 여호사밧이다. 여호사밧 왕은 모든 삶을 대부분 자신의 뜻대로가 아닌 하나님의 뜻대로 살았다. 그래서 여호사밧은 전쟁터에 나가기 전에도 하나님의 선지자에게 물어보자고 한 것이다.

어떻게 보면 여호사밧 왕은 아합 왕에게 이용당한 셈이다. 세상적으로 볼 때 약삭빠른 사람인 아합에게 순진하고 요령이 없는 여호사밧이 이용 당했다고 볼 수 있다.

더구나 이번 전쟁에서 아합 왕은 총 지휘권을 여호사밧에게 넘겨주고 자신은 일반 군인으로 변장을 했다. 이 의도는 선한 의도가 아니었음을 이미 언급했다. 하나님을 신실하게 섬기는 왕이 어떻게 하나님을 부정하는 사람과 연합을 했는지는 아이러니다.

하지만 신실하게 하나님을 의지했던 여호사밧 왕에게 이 전쟁에서 놀라운 일들이 일어나는 것을 발견할 수 있다. 열왕기상 22장 31절이다.

'아람 왕이 그의 병거의 지휘관 삼십 이 명에게 명령하여 이르기를 너희는 작은 자나 큰 자와 더불어 싸우지 말고 오직 이스라엘 왕과 싸우라 한지라'

아람 왕은 적군의 왕을 죽일 특공대를 가지고 있었다. 병거의 지휘관이 32명이라 했는데 그 소속된 군인들까지 하면 숫자는 훨씬 많을 것이다. 이 특공대에게 아람 왕이 명령했다. 다른 사람 신경 쓰지 말고 오직 적군의 왕만을 공격해서 죽이라고 말이다. 이 특공대는 왕복을 멋지게 차려 입은 여호사밧을 향하여 공격하기 시작했다. 그것이 32절이다.

'병거의 지휘관들이 여호사밧을 보고 그들이 이르되 이가 틀림없이 이스라엘의 왕이라 하고 돌이켜 그와 싸우려 한즉 여호사밧이 소리를 지르는지라'

여호사밧 왕이 위기에 몰렸다. 아람나라 특공대들은 보통사람들이 아니었다. 왕을 보호하는 경호부대가 있었지만 그들을 당해 낼 수가 없었다. 그런데 여기 이상한 모습이 나온다. 아람나라 특공대들이 왕을 공격해 들어올 때 여호사밧 왕이 소리를 질렀다고 말씀한다.

이 소리가 무슨 소리였을까? '사람 살리라'는 소리였을까? 아니면 '나는 이스라엘 진짜 왕이 아니라'는 소리였을까? 이 여호사밧이 '소리를 질렀다'는 말은 아주 중요하다. 이것을 알기 위하여 본문 33절을 보자.

'병거의 지휘관들이 그가 이스라엘의 왕이 아님을 보고 쫓기를 그치고 돌이켰더라.'

여호사밧이 소리를 지르자 아람 나라 특공대가 공격을 멈췄다. 그들은 여호사밧이 이스라엘의 왕이 아닌 것을 알게 되었다. 쉽게 생각하면 아람나라 특공대들이 아합 왕의 얼굴을 다 알고 있었는지도 모른다. 따라서 왕이 아님을 그들이 알아보고 공격을 중단했을 수도 있다.

그러나 성경을 자세히 보면 그게 아니다. 같은 이야기를 기록한 역대하 18장 31절로 32절을 보면 중요한 이유를 발견할 수 있다. **'31 병거의 지휘관들이 여호사밧을 보고 이르되 이가 이스라엘 왕이라 하고 돌아서서 그와 싸우려 한즉 여호사밧이 소리를 지르매 여호와께서 그를 도우시며 하나님이 그들을 감동시키사 그를 떠나가게 하신지라 32 병거의 지휘관들이 그가 이스라엘 왕이 아님을 보고 추격을 그치고 돌아갔더라.'**

똑같은 상황이 기록되어 있는데, 역대하 18장 말씀에는 열왕기 상 22장에 없는 말씀이 기록되어 있다. 바로 여호사밧 왕이 소리를 질렀는데 여호와께서 여호사밧을 도우셨으며 뿐만 아니라 여호와 하나님께서 아람 군대를 감동시키셔서 여호사밧을 떠나가게 하셨다는 것이다.

따라서 우리는 여호사밧 왕이 소리를 질렀다는 말이 단순히 '사람 살려' 같은 말이 아니라는 것을 알 수 있다. 또 이 말은 '나는 이스라엘 왕이 아니다'도 아니었다. 여호사밧 왕이 소리를 질렀다는 말은 하나님께 소리를 질렀다는 의미, 즉 하나님께 도움을 요청했다는 말이다. 전쟁터에서 싸우다 보니까 갑자기 적의 특공대에게 포위 된 것이다. 싸움의 형국을 보니까 자신의 경호대가 당해내지 못하고 있었고 여호사밧 왕은 생명의 위협을 느꼈다. 화살 맞은 아합 왕과 같은 상황에 처한 것이다.

이런 상황에서 여호사밧 왕은 아합 왕처럼 하지 않았다. 아합 왕은 자신의 힘으로 모든 것을 극복하려고 시도했었다. 그러나 여호사밧 왕은 하나님께 구원을 요청했다. 큰 소리로 하나님을 부르며 하나님의 도움을 구했다.

하나님께 순종하는 왕, 여호사밧이 위기에 빠진 상황에서 하나님을 불렀을 때 하나님은 즉각 움직이셨다. 먼저 하나님은 아람군대의 특공대를 감동시키셨다고 말씀한다. 이 말은 마음을 움직이게 하셨다는 말이다. 그 군인들은 여호사밧 왕의 얼굴을 잘 볼 수 있었는데 아합이 아님을 알게 되었다. 그 특공대들은 평소에 아합 왕을 암살하기 위하여 아합 왕의 얼굴을 익혀 놓았었는데 여호사밧은 왕복만 입고 있지 아합 왕이 아니었다. 흔히 전쟁터에서 왕의 안전을 위하여 엉뚱한 사람에게 왕복을 입히고 진짜 왕은 다른 곳에 있게 하는 전술이 있었다. 아람 특공대들은 틀림없이 그리 생각했을 것이다. 이 모든 정황 배후에 누가 있었다고 말씀하는가? 그렇다. 하나님께서 그렇게 하셨다고 기록하고 있다. 여호사밧 왕은 하나님의 도움으로 살아났다.

여호사밧이 경험했던 이 놀라운 구원의 역사는 지금도 일어난다. 우리가 만나는 수많은 삶의 위기 속에서 우리는 과연 하나님께 소리칠 믿음이 있는가? 인생의 위기에 하나님께 소리치는 것은 아무나 할 수 있는 것이 아니다. 성찬의 중요한 의미가 이것이다. 하나님은 성찬을 통하여 중요한 진리를 알려주기를 원하신다. 바로 전능하신 하나님이 언제나 우리와 함께하신다. 즉 임마누엘 하심을 친히 경험하게 하신다. 이것을 언제나 기억하기를 원하신다. 이것을 아는 성도가 어떻게 살아가는가? 로마서 10장 13절을 보라.

'누구든지 주의 이름을 부르는 자는 구원을 받으리라'

항상 예수님의 이름을 부르며 살아간다. 왜냐하면 예수님의 이름은 능력의 이름이기 때문이다. 예수님의 이름을 부르면 지금도 그런 역사가 일어나기 때문이다.

그렇다. 예수님은 구원의 이름이다. 인생의 위기를 만날 때 사람마다 반응하는 방법이 다르다. 어떤 사람들은 아합처럼 반응한다. 세상에 도와 줄 사람이 전혀 없으므로 자신의 힘과 능력만을 의지하여 그 위기를 벗어나려 한다. 그리고 벗어나면 목에 힘을 준다. 문제는 벗어나는 것이 그리 쉽지 않다는 사실이다. 반면에 어떤 사람들은 여호사밧처럼 반응한다. 자신의 능력을 벗어나는 엄중한 상황이 닥칠 때 나름대로 최선을 다하다가 역부족임을 깨달을 때, 지체하지 않고 주님의 이름을 부른다. 구원자 예수님의 이름을 부르는 것이다. 그 때 예수님이 개입하신다. 하나님의 도움이 임한다. 할렐루야!

성도가 누구인가? 거룩한 무리라는 이 의미는 하나님에 의하여 거룩해진 사람들을 뜻한다. 왜냐하면 거룩하신 하나님과 함께 사는 사람들이기 때문이다. 거룩하신 하나님이 어떻게 우리와 함께 하시는가? 거룩하신 하나님이 친히 우리에게 오셨다. 바로 예수님이 친히 인간이 되셔서 우리 가운데 오셨다. 아니 우리 안으로 들어오셨다.

그 엄청난 진리를 깨닫게 하시려고 예수님이 제정하신 것이 성찬식이다. 성찬에 참여하면서 우리가 절절하게 깨닫는 것은 임마누엘이다. 즉 우리와 함께 하시는 하나님이다. 이 성찬의 의미를 아는 성도만이 능력 있는 삶을 살게 된다. 왜냐하면 전능하신 하나님이 우리와 함께 하시면서 능력을 부어주시기 때문이다.

전능하신 하나님이신 예수님은 우리에게 오셔서, 우리 안으로 들어오셔서 우리와 함께 영원히 사신다. 그 삶은 이미 성령으로 거듭날 때 시작되었다. 예수님을 믿을 때 시작되었다. 하나님은 이 진리를 알려 주시려고 성찬식을 제정하셨다. 그 진리를 절절하게 경험하고 그 실체의 영광을 누리라고 성찬의 축복을 주신 것이다. 성찬에 참여하는 영광이 여기 있다. 바르게 참여하는 성도에게 주시는 은총이 이것이다.

성찬에 바르게 참여하는 성도의 축복은 여호사밧 왕이 누렸던 축복이다. 성찬에 바르게 참여하지 못할 때는 아합의 길로 걸어간다. 무슨 말인가? 성찬에 바르게 참여할 때, 우리 안에 살아계시는 예수님의 능력이 계속 작동한다는 말이다. 어떤 상황 속에서도 나와 동거 동행 동역하시는 하나님을 인지하고 신뢰한다. 도움이 필요할 때 여호사밧 왕처럼 하나님께 기도한다. 하나님께 소리쳐 도움을 요청한다.

하지만 성찬의 의미를 알지 못하면 어떻게 되는가? 인생길을 하나님의 뜻대로 가지 않으면서도 회개하지 않는다. 인생의 위기가 닥쳐도 하나님의 함께하심을 전혀 인지하지 못한다. 하나님께 기도로 도움을 요청하는 것은 생각지도 못한다. 자신의 생각대로만 살아갈 뿐이다. 죄의 포로가 되어 계속 끌려간다. 그 결과는 쓴 뿌리요 엉겅퀴다. 본문에서 아합 왕이 그 실상을 우리에게 여실히 보여주고 있다.

자신의 지혜와 세상의 온갖 지혜를 다 동원해서 도착한 곳이 어딘지 우리는 목도했다.

여호사밧처럼 하나님의 길을 구하자. 하나님의 뜻을 먼저 찾고 구하는 삶을 살아가자. 아합처럼 하나님을 무시하고 자신의 지혜만을 의지하다가 무너지는 인생이 되지 말자.

예수님이 우리와 함께 하신다. 아예 우리 안으로 들어오셨다. 성찬을 통하여 그 진리를 계속 기억하게 하신다. 성찬의 은혜를 통하여 아합의 길이 아니라 여호사밧의 길로 걸어가는 축복의 주인공들이 되자.

토의 문제

1. 예레미야 선지자와 다른 선지자들의 사역내용의 차이에 대하여 나눠보라.

2. 남유다의 여호사밧 왕과 북 이스라엘의 아합 왕이 동맹을 맺었다. 이 동맹이 신앙적으로 어떤 문제가 있는지를 나눠보라.

3. 열왕기상 22장 6절로 23절에는 400명의 선지자들과 이믈라의 아들 미가야 선지자가 나온다. 이들이 각각 예언을 하고 있는데, 이 예언의 내용에 대하여 나눠보라.

4. 열왕기상 22장 31절로 35절에는 여호사밧 왕과 아합 왕의 하나님께 대한 신앙의 수준을 볼 수 있다. 그 차이를 나눠보라.

기도

1. 토의 내용을 통하여 하나님께 찬양하고 감사하며 고백하고 회개하라.

2. 토의 내용을 통하여 주신 기도제목을 가지고 간구하라.

여호와께서 모세에게 말씀하여 이르시되 은 나팔 둘을 만들되 두들겨
만들어서 그것으로 회중을 소집하며 진영을 출발하게 할 것이라

(민 10:1-2)

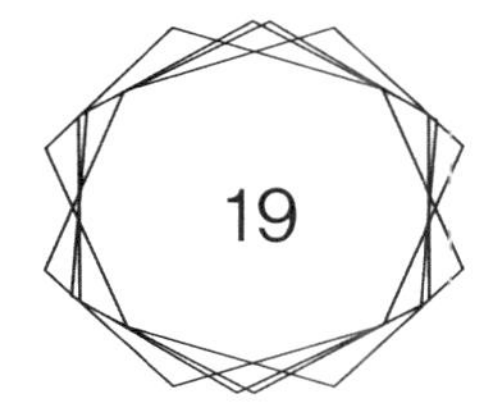

생명과 사망의 길

(왕하 1:1-9)

길고 긴 아합 왕의 시대가 막을 내렸다. 한 나라의 통치자가 죽었을 때 또는 그 자리에서 내려왔을 때 반응은 여러 가지다. 백성을 괴롭게 하고 통치를 잘 하지 못한 통치자가 사라지면 사람들이 좋아한다. 진작 사라져야 하는데 너무 오래 그 자리에 있었다고 할 것이다. 그러나 국민들을 행복하게 해 주고 통치를 잘 했다면 무척 아쉬워할 것이다.

우리나라도 조선시대가 막을 내리고 해방 이후에 나라를 다스리던 분들이 하나 둘 늘어가면서 역대 대통령들에 대한 평가를 자주 한다. 이승만, 박정희, 전두환, 노태우, 김영삼, 김대중, 노무현, 박근혜 대통령 등이다. 누가 통치를 잘 했느냐를 놓고 여러 가지 의견들이 있다. 그 평가를 할 때 보면 여러 가지 항목이 있는데 가장 중요한 것은 경제 문제다.

그런데 이스라엘에서 왕을 평가하는 것을 보면 다른 것은 별로 중요하게 보지 않는다. 백성들을 잘 먹게 해줬느냐, 민주화를 잘 시켰느냐 등에는 관심이 없다. 성경에서 왕들을 평가할 때 가장 중요하게 생각한 것은 그 왕이 하나님을 제대로 섬겼느냐 섬기지 않았느냐를 최우선 순위에 놓는다. 사실 이 평가의 기준이야말로 가장 정확하고 중요한 평가 기준이다. 왜냐하면 하나님을 제대로 섬긴 왕들 밑에서 살았던 백성들은 한결같이 행복하게 살았기 때문이다. 먹는 문제가 해결되었고 외세의 침략을 받아 인권을 유린당하는 일도 없었다. 그러나 하나님의 뜻을 벗어난 왕들 밑에서 살았던 백성들은 불행했다. 배부르게 살았든 배고프게 살았든 행복하지 못했다.

사실 이 평가 기준은 모든 인생들에게 그대로 적용된다. 우리가 세상을 다 살고 난 후에 하나님께로부터 받는 평가도 이와 꼭 같기 때문이다. 하나님은 어느 대학 나왔느냐고 묻지 않으신다. 어느 직장 다녔느냐고 묻지도 않으신다. 또 몇 평 아파트에서 살다가 왔든지 재산은 얼마나 모았는지, 세상에서 얼마나 바쁘게 살았는지 묻지 않으실 것이다. 이런 것들은 우리들 관점으로 볼 때 귀하다. 그러나 하나님은 다르게 보신다. 하나님의 관심사는 오직 우리가 하나님의 뜻대로 인생을 살아 왔느냐다.

고슴도치들이 어느 날 모여서 전국 '미스 고슴도치'를 뽑았다. 스스로 좀 생겼다고 확신하는 미스 고슴도치들이 전국에서 모여들었다. 치열한 예선을 거치고 결선에 오른 고슴도치들 가운데 드디어 진선미가 결정되었다. 그 결과가 신문에 대문짝만하게 실렸다.

이 대회가 우리 인간들에게 어떤 의미가 있는가? 고슴도치들에게는 의미가 좀 있을지 몰라도 우리에게는 '그게 그것'이다. 그 고슴도치가 그 고슴도치다. 예선 탈락한 고슴도치하고 미스 진으로 뽑힌 고슴도치하고 '그게 그것'이다.

마찬가지다. 우리가 인생을 다 살고 난 후에 하나님이 보시는 것은 이 세상에서 우리들이 귀하게 여기던 대부분의 것들이 아니다. 지방대를 나온 것이나 서울대를 나온 것이나 하나님께는 '그게 그거'다. 천억 대 재산을 가지고 산 사람이나 일억도 가지지 못하고 산 사람이나 하나님께는 별 의미가 없다. 얼굴 예쁜 사람이나 그렇지 못한 사람이나 하나님께는 차이가 없다. 하나님께 중요한 것은 우리가 주어진 환경과 처지에서 얼마나 믿음생활을 바르게 했느냐다.

하나님의 경고(왕하 1:1-2)

폭군이었던 아합 왕이 죽은 다음에 그 아들이었던 아하시야가 왕이 되었다. 그런데 왕이 되자마자 심각한 문제가 일어났다. 그것은 바로 몇 십년간 이스라엘에 조공을 받치며 살아오던 모압이라는 나라가 조공을 더 이상 받치지 않겠다고 선언한 것이다.

고대국가에서 이것은 가벼운 사건이 아니다. 열왕기하 1장 1절이다.

'아합이 죽은 후에 모압이 이스라엘을 배반하였더라.'

한 나라가 다른 나라에 예속이 되면 벗어나기가 쉽지 않다. 사실 우리나라는 역사적으로 여러 강대국에 의하여 계속 예속되어 왔다. 긴긴 세월동안 우리는 중국에 예속되어 살아왔다. 국어를 사랑하는 사람들은 동의하지 않겠지만, 우리가 쓰고 있는 한글도 중국 글인 한문이 없으면 너무 불편하다. 우리나라의 지명중에 끝에 '주'라는 말이 들어가는 지명들은 모두 중국의 영향을 받은 것이다. '파주, 경주, 양주, 공주, 전주, 광주'등이 그렇다. 중국에 가면 그것을 더 잘 실감할 수 있다.

또 근대에는 일본의 지배 속에서 살았다. 그 흔적들이 우리의 삶속에 많이 남아 있다. 언어에도 많고 특히 현재까지 남아 있는 건축물들,

도로를 잇는 다리 중 일본사람들이 건설한 것들이 많이 남아 있다.

요즘에는 우리가 어떤 나라를 형님나라로 섬기고 있는가? 그렇다. 지금은 미국이다. 그게 싫어서 데모하고 소리치는 사람들이 적지 않다.

본문에 보면 이스라엘을 형님나라로 섬기던 동생나라 모압이 배반했다고 말씀한다. 이제는 더 이상 형님나라로 섬기지 않겠다고 선언했다. 대등한 관계에서 서로 살아가자고 한 것이니 어찌 보면 당연한 일이다. 이것은 모압의 국력이 이스라엘에 버금갈 만큼 성장했다는 말이다.

그러나 단지 그 이유만 있는 것이 아니다. 여기에는 하나님의 깊은 섭리가 있었다. 이것은 하나님의 백성이었던 이스라엘이 하나님의 뜻을 따르지 않고 계속 잘못된 길로 가는 것을 경고하시려는 하나님의 사인이었고 경고였다.

본문 1절과 2절은 아무런 간격이 없이 이어져 있다. 그러나 모압이 이스라엘을 배반하고 즉시 2절 사건이 일어난 것은 아니다. 하나님을 섬기는 성도들은 영적인 눈치가 빨라야 한다. 우리의 삶 속에서 역사하시는 하나님의 움직임을 분별할 줄 알아야 한다.

무엇인가 하나님의 은혜가 임하고 복이 임할 때는 지체 없이 감사를 드리고 찬양을 드리는 지혜가 있어야 한다. 물론 감사한 일이 생기지 않아도 범사에 감사를 드리는 것이 성도의 행복이다. 그러나 감사한 일이 있는데도 하나님께 감사를 드리지 못한다면 문제가 있는 것이다.

또한 우리의 삶 속에서 나타나는 하나님의 경고가 있을 때도 신속히 반응해야 한다. 하나님의 책망을 알아듣는 영적인 슬기가 있어야 한다. 하나님의 징계를 발견할 줄 아는 신앙의 눈이 열려있어야 한다.

믿음생활에 대한 경고 메시지가 들어오고 빨간 불이 들어오면 가던 길을 멈추고 점검하며 잘못된 것이 있으면 회개할 줄 아는 능력이 필요하다.

모압이 배반하고 떠났을 때 이스라엘은 속히 눈치를 채고 하나님 앞에 서야 했다. 불신앙을 회개하고 하나님께로 돌아왔다면 2절의 사건은 일어나지 않았을 것이다. 그러나 아하시야는 영적인 소경이었다. 하나님의 징계 신호를 전혀 깨닫지 못했다.

우리의 삶 속에 무엇인가 이상한 조짐이 보일 때 일단 정신을 바짝 차려야 한다. 영적으로 긴장해야 한다. 그것이 하나님 앞에 바로 서지 못한 이유로 오는 것 같다면 더욱 그렇다. 물론 우리의 잘못과 상관없는 상황들도 많다. 그러면 마음을 푹 놓아도 된다. 그러나 잘못된 부분이 발견된다면 즉시 회개하고 돌이켜야 한다. 그러면 잘못 되었던 것이 회복되고 또 다른 하나님의 경고사인도 오지 않을 것이다. 하지만 하나님을 섬기는 백성의 본분을 망각하고 하나님의 뜻을 계속 어기며 살아간다면 우리에게도 본문 2절과 같은 상황이 발생할 수 있다.

그렇다면 2절의 사건이 무엇인가?

'아하시야가 사마리아에 있는 그의 다락 난간에서 떨어져 병들매 사자를 보내며 그들에게 이르되 가서 에그론의 신 바알세붑에게 이 병이 낫겠나 물어 보라 하니라'

아하시야의 근본적인 문제가 무엇이었나? 우상숭배였다. 아합의 아들인 아하시야는 아버지를 본받아서 하나님을 제대로 섬기지 않았다. 오히려 우상을 섬기는 잘못을 범했다. 이 모습을 하나님께서 보시고 첫 번째 경고를 하셨는데, 모압이 이스라엘의 지배에서 벗어나게 하셨다.

그러나 아하시야는 하나님의 경고를 깨닫지 못하고 있다. 여전히 자신의 아버지 아합이 하던 대로 우상을 섬겼다. 이스라엘의 왕의 사명을 망각하고 있었다. 아하시야는 하나님을 기쁘시게 하는 왕의 모습을 보이지 못했다. 그래서 하나님은 두 번째 사인을 2절에서 보내셨다. 그것은 왕궁에 멋지게 만들어 놓았던 다락에서 일어났다. 다락에 올라갔다가 떨어져서 병이 들게 하셨다. 이 병은 어떤 병인지 모른다. 다리가 부러졌는지, 아니면 팔이 부러졌는지 모른다. 분명한 사실은 그 병으로 인하여 생명이 위독한 지경에까지 이르렀다는 것이다.

아하시야는 아버지 아합이 어떻게 죽었는지를 잘 알고 있었다. 아버지 아합은 아람과의 전쟁에서 무심히, 우연히 날아온 화살에 맞아 죽었다. 아마 그 사건을 접하면서 왕이 된 아하시야는 결심했을 수도 있다. 어떤 일이 있어도 위험한 전쟁터 같은 데는 장군들과 군사들만 보내고 자신은 안전한 왕궁에만 거하겠다고 말이다.

그러나 하나님이 보내시는 '무심한 화살, 우연한 화살'은 왕궁 밖 전쟁터에만 있는 것이 아니었다. 아하시야 왕이 가장 안전하다고 생각했던 왕궁 안에도 날아왔다. 그것도 왕만 머물 수 있도록 만들어진 멋진 다락, 다른 말로 말하면 멋진 팔각정에도 우연을 가장한 하나님의 필연적인 심판이 찾아온 것이다.

많은 사람들이 하나님의 우연을 가장한 필연의 심판을 무시한다. 하나님을 부정하고 자신의 지혜를 더 의지한다. 그러나 결국 자신의 생각으로 아주 안전하고 믿을 수 있다고 생각하던 것들에게 발등을 찍히고 만다. 하나님의 뜻대로 살지 않고 자신만을 신뢰하고 사는 사람들에게 하나님의 징계와 심판은 때와 장소를 가리지 않는다. 그곳이 전쟁터든지 아니면 안락한 집 안에든지 상관이 없다.

그렇게 철석같이 믿었던 친구가 많은 돈을 빌린 다음 행방불명이 된다. 돈이 인생의 전부라고 생각하고 '돈돈' 하면서 열심히 돈을 모았는데 둘도 없는 친구가, 세상에 다른 것은 다 변해도 그 친구는 변하지 않을 것이라고 믿었던 친구가 사기꾼으로 바뀐 것이다.

건강에 대해서 자신하던 사람, 평생 감기한 번 걸리지 않고 소화제 하나 먹지 않고 자신만만하게 살던 사람이 어느 날 갑자기 쓰러진다. 자신의 생각으로는 백세 이상 건강하게 사는 것은 문제없다고 생각했었는데 쓰러진 것이다. 전혀 예상하지 않았던 곳에 쏟아지는 하나님의 화살이 있음을 잊지 말아야 한다. 이런 것을 알고 하나님을 신실하게 의뢰하는 것이 복된 삶이다.

경고를 무시하는 아하시야(왕하 1:2-6)

그런데 아하시야는 계속해서 정신을 못 차리고 있다. 자신이 안전하다고 여기며 올라가 놀던 팔각정에서 떨어져 크게 다쳤으면 어떻게 해야 하는가? 하나님의 백성이라면 왜 그런 일이 벌어졌는지 신앙적으로 살펴보아야 한다. 그래서 하나님 앞에서 회개할 것이 있다면 회개하고 돌아와야 성도에게 소망이 있는 것이다.

물론 아하시야도 여러 정황을 살펴보았다.

일단 난간에서 떨어진 다음에 생긴 질병이 점점 더 악화되고 있었다. 어떤 질병이든지 걸렸으면 속히 회복이 되어야 한다. 감기도 계속 낫지 않으면 불안해진다. 그런데 아하시야 왕이 걸린 질병은 생명을 위협할 정도였기에 아하시야는 그 상황을 분석하고 결론을 내렸다.

2절 후반부에 보니까, '가서 에그론의 신 바알세붑에게 이 병이 낫겠나 물어 보라 하니라'

라고 말씀하고 있다. 여기서 더 심각한 상황이 발생하고 있다. 어떤 상황이 발생했을 때 어떻게 처신하는가가 중요하다. 예를 들어, 일본과 관련된 급박한 상황이 발생했다면 원인을 잘 분석하고 지혜로운 대처를 하는 것이 중요하다. 선악 이분법으로 네 편 내편 갈라서 '서로 물고 뜯으면' 망하는 것 이외는 길이 없다. 감정적으로 대응한다면 번지수를 잘못 찾은 것이다. 그렇게 하면 그 열매는 한없이 쓰고 고통스럽다.

아하시야는 상황파악을 엉터리로 하고 있다. 무엇을 보면 알 수 있는가? 자신의 병을 고치기 위하여 신하들을 에그론의 신 바알세붑에게 보내는 것을 보면 알 수 있다. 이스라엘은 하나님의 백성으로 이루어진 나라다. 그 나라의 왕이 하나님을 신뢰하지 않고 우상을 섬기고 있다.

다리가 부러졌으면 정형외과에게 가서 바르게 맞추고 깁스를 해야 된다. 다리 부러진 사람이 정신과에 가서 한가하게 상담이나 하고 있는 것과 같은 이치다.

아하시야 왕이 자신의 질병에 대하여 알아보려고 신하들을 보낸 우상 바알세붑은 '파리의 왕'이라는 의미를 가지고 있다. 그러니까 '바알'은 왕 혹은 하나님이란 뜻이고 '세붑'은 파리라는 말이니까 '왕 파리 혹은 파리 왕'이라는 말이다. 그렇다면 이 당시 사람들이 왜 여호와 하나님을 떠나서 '왕 파리 혹은 파리의 왕'을 믿었을까?

이유가 있다. 그 당시 이스라엘과 주변에는 심각한 전염병이 돌고 있었는데 그 전염병은 파리 떼가 나타나 설치고 돌아다니고 나면 어김없이 발병을 했다고 한다. 그래서 사람들은 전염병을 주관하는 신의 존재를 믿었다. 그러니까 파리를 관리하고 주관하는 신을 믿었는데 바로 '바알세붑'이었다. '파리의 대왕' 바알세붑이라고 이름을 붙여 놓고 섬긴 것이다. 얼마나 그럴듯한가?

오늘 날 이 땅에 존재하는 모든 우상에게는 이런 특징이 있다. 모든 신들이 누구에 의하여 만들어지는가? 바로 인간에 의하여 만들어진다. 이것은 문제가 있다. 인간이 어떻게 신을 만들 수 있는가? 반대다. 신이 인간을 만드는 것이고 이것이 진리다. 전능하신 여호와 하나님께서 인간을 만드셨다. 문제는 인간이 신을 만들었다고 해도 그 누구도 항의하지 않는다. 만들 능력도 없으면서 만들었다고 주장한다. 그것이 말이 안 된다고 항의하다가는 신을 만든 사람들한테 야단맞는다. 신도 만드는 사람들이 가만히 있을 리 만무하다.

그렇다면 인간이 왜 신을 만드는가? 그것은 인간의 필요 때문에 만든다. 인간의 필요에 의하여 무능한 인간이 유능한 신을 만드는 해프닝이 벌어진다. 놀라운 사실은 이것이 중요한 인류의 역사를 구성하고 있다는 사실이다.

그러다가 필요가 없어지면 어떻게 하는가? 인간이 신을 폐기처분한다. 인류 역사에 수많은 정복전쟁이 벌어졌었다. 정복한 민족이 반드시 하는 행동 중 하나가 정복당한 민족이 섬기던 신을 폐기처분하는 것이다. 무능한 신으로 낙인을 찍고 그 우상을 불에 태우든지 오물통 속으로 집어던지는 것이다. 무능한 인간이 유능한 신을 희롱하는 것이다.

그렇다. 세상의 모든 신들은 인간의 필요에 의하여 만들어지고 조작되었다. 그리고 필요가 사라지면 그 우상도 사라진다. 아무런 복도 줄 수 없는 무능한 신, 인간의 머리에서 나온 만들어진 가짜 신들이기 때문이다. 선악과를 따먹은 인류가 참 하나님을 떠난 다음부터 이런 기괴한 일들이 자행되었다. 어떤 사람들은 아무것도 믿지 않는다고 큰소리친다. 그런데 알고 보면 자기 스스로를 신으로 섬기면서 살아간다. 아무것도 신으로 섬기지 않는다고 말은 하는데 정작 자기 자신을 신으로 믿고 살아간다.

아하시야도 이런 잘못된 생각에 빠져 우상 바알세붑을 섬긴 것이다. 전능하신 창조주 여호와 하나님을 섬기지 않고 필요에 따라 우상 바알세붑을 만들어 섬겼다. 파리를 주관하는 신이 자신의 운명도 좌지우지 할 것이라는 생각으로 우상을 섬겼다.

그 때 하나님께서 개입하신다. 열왕기하 1장 3절로 4절이다.

'3 여호와의 사자가 디셉 사람 엘리야에게 이르되 너는 일어나 올라가서 사마리아 왕의 사자를 만나 그에게 이르기를 이스라엘에 하나님이 없어서 너희가 에그론의 신 바알세붑에게 물으러 가느냐 4 그러므로 여호와의 말씀이 네가 올라간 침상에서 내려오지 못할지라 네가 반드시 죽으리라 하셨다 하라 엘리야가 이에 가니라'

하나님은 엘리야를 아하시야 왕의 신하들에게 보내셨다. 도중에서 신하들이 가는 길을 막고는 책망하신다. 사실 모르는척하셔도 된다. 이미 하나님의 품을 떠난 사람인데 그대로 죽게 내버려 두셔도 된다. 이것은 하나님의 사랑이다. 회개의 기회를 주시는 것이다. 하나님은 친히 선지자 엘리야를 보내셔서 회개하고 돌아올 길을 열어주셨다.

신하들은 엘리야가 하는 경고를 들었다. 이스라엘에 하나님이 없어서 에그론의 신 바알 세붑에게 가느냐는 책망을 들었다. 아하시야 왕이 누워 있던 침상에서 일어나지 못할 것임을 선언하는 말도 들었다. 신하들은 왕에게 다시 돌아갔다. 바알 세붑을 만나지 않고 그대로 돌아갔다. 예상보다 훨씬 빨리 돌아온 신하들에게 아하시야 왕이 질문을 한다.

열왕기하 1장 5절로 6절이다.

'5 사자들이 왕에게 돌아오니 왕이 그들에게 이르되 너희는 어찌하여 돌아왔느냐 하니 6 그들이 말하되 한 사람이 올라와서 우리를 만나 이르되 너희는 너희를 보낸 왕에게로 돌아가서 그에게 고하기를 여호와의 말씀이 이스라엘에 하나님이 없어서 네가 에그론의 신 바알세붑에게 물으려고 보내느냐 그러므로 네가 올라간 침상에서 내려오지 못할지라 네가 반드시 죽으리라 하셨다 하라 하더이다.'

아하시야 왕은 끔찍한 대답을 신하들에게 들었다. 자신이 아파서 누워있는 침상에서 내려오지 못하고 죽을 것이라는 말을 누군가가 했다는 것이다.

생명과 사망의 길(왕하 1:7-9)

큰 충격을 받은 아하시야 왕이 다시 신하들에게 묻는다. 열왕기하 1장 7절로 8절이다.

'7 왕이 그들에게 이르되 올라와서 너희를 만나 이 말을 너희에게 한 그 사람은 어떤 사람이더냐 8 그들이 그에게 대답하되 그는 털이 많은 사람인데 허리에 가죽 띠를 띠었더이다 하니 왕이 이르되 그는 디셉 사람 엘리야로다'

아하시야 왕과 신하들의 대화를 들어보면 아하시야 왕은 엘리야를 잘 알고 있었다. 엘리야가 섬기는 하나님도 물론 알고 있었다. 그런데 문제가 무엇인가? 하나님을 섬기지 않았고 신뢰하지도 않았다. 하나님을 믿는 대신 바알세붑 우상을 믿었다. 전지전능하신 하나님을 믿지 않고 파리나 주관하고 앉아있는 바알세붑을 믿은 것이다. 도움을 줄 수 있는 능력을 가진 참 하나님을 의지하고 않고 아무런 도움도 줄 수 없는 파리 대왕만 믿고 있었다.

우리 인생을 진정으로 도와주실 수 있는 분은 오직 하나님이시다. 왜냐하면 우리를 도와주실 수 있는 능력이 오직 하나님께만 있기 때문이다. 이 땅에서 또 천국에서 우리를 도와주실 수 있는 분은 오직 예수님뿐이시다. 얼마나 많은 사람들이 지금도 '파리 대왕'을 찾아가는가? 아니 혹시 우리는 어떤가? 하나님을 믿는다는 시늉을 하면서 실제로는 '파리 대왕'을 찾고 있지는 않은가?

신하들이 '파리 대왕'에게 가는 도중에 엘리야 선지자가 나타나 자신에게 저주의 예언을 했다는 사실을 전하여 들은 아하시야 왕은 9절에서 이상한 행동을 한다.

'이에 오십 부장과 그의 군사 오십 명을 엘리야에게로 보내매 그가 엘리야에게로 올라가 본즉 산꼭대기에 앉아 있는지라 그가 엘리야에게 이르되 하나님의 사람이여 왕의 말씀이 내려오라 하셨나이다'

어떤 의도가 보이는가? 엘리야는 선지자다. 군인이 아니다. 뿐만 아니라 무장을 전혀 하지 않고 다니는 사람이다. 그런데 군인 50명을 왜 보내는가? 간단하다. 엘리야를 체포하기 위하여 보낸 것이다.

엘리야를 체포하려는 시도를 세 번이나 한다. 아하시야 왕이 이런 행동을 한 데에는 이유가 있다. 원래 고대사회에서 누가 저주를 하면 그 저주를 푸는 방법이 있었다. 특히 선지자나 예언자들이 저주를 할 경우에 그 저주를 푸는 방법이 두 가지가 있었다. 첫째는 저주한 사람이 그 예언을 스스로 취소하는 방법, 둘째는 그 예언한 사람을 죽이는 것이다.

아하시야 왕은 상황에 따라 이 둘을 다 시도하려고 했던 것 같다.

이 두 가지를 하려면 엘리야가 있어야 한다. 그래서 엘리야를 체포하도록 군대를 보냈다.

그러나 열왕기하 1장 10절 이하에 보면 더 끔찍한 일이 벌어지고 있다. 왕이 내린 엘리야 체포 명령을 수행하기 위하여 일차로 갔던 사람들은 50명의 군인들이었다. 그들은 자신들과 함께 왕에게 가야 된다고 엘리야에게 말했다. 그 때 엘리야는 산꼭대기에 앉아 있었다. 아마 이 산은 갈멜산이었을 것이다. 갈멜산 꼭대기에서 엘리야는 하나님께 기도하고 있었다.

우리 성경에는 그 군인들의 말이 평범한 말로 되어 있지만 그 분위기는 짐작이 간다. 같이 가자고 순순히 말한 것이 아니다. 문맥으로 볼 때 '좋은 말로 할 때 내려오지 않으면 죽어'라는 식의 경고와 위협으로 말했음에 틀림없다.

그러자 엘리야가 놀라운 일을 행한다. 엘리야는 하늘에게 불이 내리도록 명령했다. 10절에 보면, 50명의 군인들은 불에 타 죽고 만다. 이 소식을 전해들은 아하시야는 다시 50명의 군인들을 보내고 11절에 보면 그들 역시 하늘에서 내리는 불에 타 죽고 만다.

하나님 앞에 죄를 범했을 때 가장 중요한 것은 회개하는 것이고 또 회개의 기회를 놓치지 않는 것이다. 하나님은 우리를 사랑하신다. 우리의 죄로부터 우리를 살리시려고 십자가에서 예수님을 죽이실 정도로 하나님은 우리를 사랑하신다.

아하시야 왕도 하나님께서 사랑하셨다. 부친인 아합 왕의 신앙을 본받지 말고 다윗 왕처럼 하나님을 제대로 섬기기를 원하셨다. 그러나 아하시야는 우상을 섬기며 살았던 아버지 아합 왕을 본 받았다.

하나님은 아하시야가 하나님께로 돌아오기를 바라셨다. 그 사인으로 모압이 배반하게 만드셨다. 그래도 깨닫지 못하자 하나님은 아하시야가 올라가 쉬던 다락이 무너지게 하셔서 큰 부상을 입게 만드셨다. 아직은 회개하고 돌아올 기회가 있었다. 그러나 아하시야는 그 회개의 기회를 살리지 못하고 말았다.

오히려 그 기회를 주고자 하시는 하나님의 뜻을 저버리고 선지자 엘리야를 회유하고 또 죽이려고 시도했다. 그 결과 어떻게 되었나? 열왕기하 1장 17절이다.

'왕이 엘리야가 전한 여호와의 말씀대로 죽고 그가 아들이 없으므로 여호람이 그를 대신하여 왕이 되니 유다 왕 여호사밧의 아들 여호람의 둘째 해였더라'

결국 하나님의 의도를 파악하지 못하고 고집을 부리며 저항하던 아하시야 왕은 엘리야 선지자가 예언한 대로 죽고 말았다. 하나님이 주신 회개의 기회를 살리지 못했다.

그런가 하면 열왕기하 1장 속에는 아주 귀한 이야기도 나오고 있다. 바로 엘리야를 잡기 위하여 아하시야 왕이 보낸 지혜로운 군인들 이야기다.

열왕기하 1장 13절에 보면 아하시야 왕이 엘리야를 잡으려고 보낸 세 번째 군대가 나온다. 이 군대도 50명으로 조직이 되었다. 이 책임자인 오십부장은 앞에 보내졌던 책임자들과 달랐다. 그들은 왕의 잘못된 명령을 따라가다가 하나님이 내리시는 불에 타 죽었다. 상관이 명령한다고 해서 무조건 따라가는 것이 능사가 아니다. 하나님의 뜻과 어긋난다면 절대 그 명령하는 사람이 누구든지 순종해서는 안 된다. 오히려 하나님의 뜻에 순종해야 한다.

세 번째로 보내진 군대의 책임자는 자신의 왕 아하시야가 무엇을 잘

못하고 있는지 알고 있었다. 또 자신보다 앞에 엘리야를 잡으러 떠났던 군인들이 어떤 잘못을 하여 죽었는지도 알고 있었다. 따라서 어떻게 해야 하나님의 자비와 은혜를 입을 수 있는지도 잘 알고 있었다.

열왕기하 1장 13절이다.

'왕이 세 번째 오십 부장과 그의 군사 오십 명을 보낸지라 셋째 오십 부장이 올라가서 엘리야 앞에 이르러 그의 무릎을 꿇어 엎드려 간구하여 이르되 하나님의 사람이여 원하건대 나의 생명과 당신의 종인 이 오십 명의 생명을 당신은 귀히 보소서'

이 오십 부장은 이렇게 말한 것이다. "하나님의 선지자님! 저는 하나님의 뜻을 따르겠습니다. 우리를 불쌍히 여겨 주십시오."라고 한 것이다. 앞에 두 책임자는 무조건 엘리야를 체포해서 왕에게 데리고 가려고 했다. 그러나 세 번째 책임자는 엘리야 선지자 앞에 무릎을 꿇고 엎드려 하나님의 뜻을 구했다.

성도가 누구인가? 성도는 하나님의 놀라운 은혜로 구원받은 하나님의 상속자들이다.

무엇을 상속받을 것인가? 그 상속은 하나님의 나라다. 영원한 생명이다.

영원한 생명을 소유한 하나님의 백성들이 걸어가야 할 길은 생명의 길이다. 사망의 길이 아니다. 생명의 길은 믿음으로 걸어가는 길이다.

그 믿음으로 걸어간 삶으로 성도는 하나님 앞에서 영광스러운 상속에 참여할 것이다.

히브리서 4장 12절로 13절이다.

'12 하나님의 말씀은 살아 있고 활력이 있어 좌우에 날선 어떤 검보다도 예리하여 혼과 영과 및 관절과 골수를 찔러 쪼개기까지 하며 또 마음의 생각과 뜻을 판단하나니 13 지으신 것이 하나도 그 앞에 나타

나지 않음이 없고 우리의 결산을 받으실 이의 눈앞에 만물이 벌거벗은 것 같이 드러나느니라'

여기 '우리의 결산'이라는 말씀이 나온다. 모든 사람들은 하나님 앞에서 결산할 때가 온다.

믿음의 길 생명의 길로 걸어야 결산할 것이 많아진다. 믿음의 삶은 하나님의 말씀에 근거를 두는 삶이다.

하나님의 말씀은 살아있고 활력이 있어 좌우에 날선 어떤 검보다 예리하여 혼과 영과 및 관절과 골수를 찔러 쪼개기까지 한다고 기록하고 있다. 또 마음의 생각과 뜻을 판단하며 지으신 것이 하나도 그 앞에 나타나지 않음이 없다고 말씀한다.

구원받은 성도에게 축복이 무엇인가? 이 최후의 심판대 앞에 서기 전에 성령님께서 우리의 삶을 인도하신다는 사실이다. 성령님은 사망의 길로 이끌지 않으신다. 성령님은 성도를 생명의 길로 인도하신다. 그래서 우리가 무엇을 잘못했을 때 성령님은 깨닫게 하셔서 회개하게 하신다. 성도는 하나님 앞에 넘어졌을 때 회개의 기회를 놓치지 말아야 한다.

사랑의 하나님은 우리가 범죄 했을 때 회개를 위한 사인을 보내신다. 여러 가지 수단과 방법을 동원하셔서 회개하도록 도와주신다. 회개할 때 생명의 길을 계속 걸어가게 된다. 성령님께서 회개로 이끌어 주실 때 그 도움의 손길을 잡아야 한다. 회개의 기회를 놓치지 말고 잡아야 한다. 잘못하고 죄 지은 것이 있다면 변명하지 말고 엎드려 하나님의 자비를 구하는 지혜가 있어야 한다.

우리가 겸손히 회개할 때 하나님은 용서하신다. 모든 것을 회복시키신다. 아하시야 왕과 두 명의 오십 부장들과 100명의 군사들은 모두 사망의 길로 갔다. 회개의 기회를 거부했기 때문이다. 그러나 세 번째 오십 부장은 하나님 앞에 회개했다. 왕의 못 된 명령에 순종하기보다 겸손히 하나님의 뜻을 구하여 생명을 얻었다.

이런 은총을 누리는 삶을 살아가자.

토의 문제

1. 모든 사람은 장차 하나님 앞에서 최후 평가를 받는다.
그 평가 기준에 대하여 나눠보라.

2. 열왕기하 1장 1절에, '모압의 이스라엘 배반 사건'이 일어난다.
이 사건의 영적 의미에 대하여 나눠보라.

3. 열왕기하 1장 2절에는 아합 왕의 아들인 아하시야 왕이 중병에 들었다고 말씀한다.
중병에 대처하는 왕의 자세를 신앙적 관점에서 나눠보라.

4. 열왕기하 1장 3절에서 하나님은 엘리야를 왕의 사자들에게 보내신다. 아하시야 왕이 우상숭배자임에도 불구하고 열왕기하 1장 1절-3절을 통하여 드러나는 하나님의 관심과 사랑을 나눠보라.

5. 열왕기하 1장 10절 이하에는 세 명의 오십 부장이 등장한다. 마지막 세 번째 오십 부장(13절)과 앞에 나왔던 두 명의 오십 부장의 신앙적 차이를 나눠보라.

기도

1. 토의 내용을 통하여 하나님께 찬양하고 감사하며 고백하고 회개하라.

2. 토의 내용을 통하여 주신 기도제목을 가지고 간구하라.

여호와께서 모세에게 말씀하여 이르시되 은 나팔 둘을 만들되 두들겨
만들어서 그것으로 회중을 소집하며 진영을 출발하게 할 것이라

(민 10:1-2)

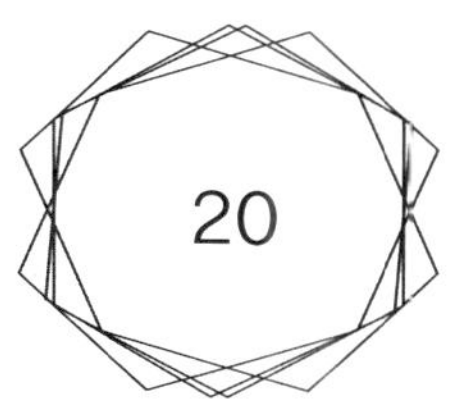

성령과 함께 하는 능력의 삶

(왕하 2:1-9)

생존을 위해서는 양식이 필요하다. 모든 생명체는 양식이 없으면 살 수 없다. 양식이 있어야 먹고 힘을 얻어 살아갈 수 있다. 그러나 사람은 일반 생명체들과 달리 육신의 양식만 필요한 게 아니다. 그럼 무엇이 더 필요한가? 바로 영적인 양식이다.

지구촌에는 육신의 양식이 부족해서 고통 받는 사람들이 많이 있다. 하지만 육신의 양식 못지않게 영의 양식은 더 중요하다. 육신의 양식을 통하여 모든 생명체는 에너지를 얻는다. 그 에너지를 통하여 생명이 유지되고 활동할 수 있게 된다. 그렇다면 영의 양식이 왜 중요한가? 우리 안에 존재하는 영혼의 생명유지와 영혼의 활동에 절대적으로 필요하기 때문이다.

영의 양식을 먹어야 영혼에 힘이 생긴다. 영적인 능력을 소유하게 된다. 그러나 영혼의 양식을 먹지 않으면 영혼의 힘이 없어진다. 세상에서 여러 가지 들려오는 소식들이 있다. 좋은 소식도 들려오고 안타까운 소식도 들려온다. 비율로 따지면 안타까운 소식이 행복한 소식에 비하여 몇 배는 많은 것 같다. 텔레비전이나 신문이나 인터넷에 나오는 뉴스를 보면 밝은 뉴스보다 어두운 뉴스가 더 많다.

이유가 무엇인가? 바로 사람들에게 영적인 능력이 부족하기 때문이다. 하나님이 인정하시는 윤리적, 도덕적, 영적인 삶을 살기 위해서는 하나님이 위로부터 내려주시는 능력이 필요하다. 대부분의 세상 가치관이 상대화되어 가고 있다. 절대 진리를 부정한다. 죄악이 관영하는데 그것을 막아낼 영적인 능력이 부족하다. 하나님의 말씀은 진리다. 즉 어제나 오늘이나 영원토록 변함이 없으며 우리나라에서나 다른 나라에서나 심지어 천국에서도 변함없는 절대 진리다. 하나님의 말씀만이 영의 양식이다. 이 양식을 먹음으로 우리의 영혼이 능력을 소유하게 된다.

그렇게 될 때 가치의 상대화, 진리의 상대화가 일어나지 않는다. 즉 하나님이 만드신 절대 진리를 인정하는 삶을 산다. 그러나 영의 양식이 무시되고 영의 양식을 먹지 않을 때 모든 진리는 상대화 된다. 인간이 신의 자리에 오른다. 그렇게 되면 결과가 파멸이다. 그런 증상이 온 세상에 이미 편만하게 나타나고 있다. 돈벌이가 된다면 윤리나 도덕을 따지지 않는다. 돈이 윤리요 돈이 도덕이 되어 버렸다. 하나님이 죄라고 말씀하시는 간음도 법에서 다르게 말한다. 옳고 그름의 잣대가 상대적이다. 어떤 사안에 대하여 죄가 아니라고 말하는 사람들의 숫자가 많아지면 죄가 아닌 것이 된다. 그러나 하나님은 그런 것에 상관없이 죄는 죄라고 말씀하신다.

적지 않은 사람들이 도둑질이나 시험 부정행위를 하면서도 들키지만 않으면 괜찮다고 생각한다. 그렇게 생각하는 것은 죄에 오염되어 있기 때문이다. 죄에 오염되면 죄에게 종노릇 한다. 죄에게 종노릇을 하지 않는 길은 하나님의 종이 되는 것이다. 왜냐하면 하나님의 종이 될 때 죄를 이길 수 있기 때문이다. 하나님의 종이 되면 죄를 이길 수 있는 능력을 하나님께서 주시기 때문이다. 이런 능력을 가진 사람들이 세상에 넘쳐나야 한다. 그 때 윤리도 살아나고 도덕도 살아날 것이다. 이런 능력은 우리가 예수님을 믿어 하나님의 종이 되고 하나님이 주시는 영의 양식을 풍족히 먹을 때 나타난다. 그 양식은 우리의 속사람을 강하게 하며 우리를 능력의 사람으로 세워준다.

길갈에서 요단까지(왕하 2:1-6)

본문인 열왕기하 2장은 놀라운 이야기를 기록하고 있다. 이 땅에서 하나님이 주신 사명을 하나님이 주신 능력을 가지고 멋지게 감당한 엘리야가 '승천'을 한다. 열왕기하 2장 1절이다.

'여호와께서 회오리바람으로 엘리야를 하늘로 올리고자 하실 때에 엘리야가 엘리사와 더불어 길갈에서 나가더니'

모든 사람이 하늘로 가는 방법은 죽음을 통해서다. 그런데 성경에는 죽음을 통하지 않고 하늘로 가는 이야기들이 있다. 창세기 5장에 나오는 에녹 이야기를 우리는 잘 알고 있다. 죽음을 맛보지 않고 하나님과 300년간 동행하다가 365세에 하나님께로 갔다.

본문에 나오는 엘리야도 하나님이 승천시키셨다. 이 승천은 예수님의 승천을 미리 보여주는 복음의 사건이다. 또 예수님을 믿는 우리들의 승천을 미리 보여주는 축복의 말씀이기도 하다.

하늘로 올려져갈 엘리야가 등장하고 엘리야의 뒤를 이어 선지자의 사명을 감당할 엘리사도 곁에 있다. 두 사람의 의미 있는 행동들을 통하여 성도들에게 생명의 양식을 전달하고 있다.

엘리야는 불 수레와 불 말을 타고 하늘로 올라갔다고 11절에서 말씀한다. 그런데 하늘로 올라가기 전에 엘리야와 엘리사가 보여주는 행동들이 매우 중요하다. 왜냐하면 그 속에 우리의 속사람을 강하게 해주는 영적인 양식이 들어있기 때문이다.

이 땅에서 맡겨주신 사명을 모두 끝낸 엘리야는 그 사명을 엘리사에게 맡기고 역사의 무대에서 사라지려 하고 있다. 사랑하는 제자 엘리사에게 선지자로서 필요한 교훈들은 이미 다 전달했을 것이다. 이제 하나님의 인도하심을 따라 승천하면 된다.

이 때 엘리야의 기분이 어떠했을까? 공중에 매달려 빠른 속도로 달리는 놀이기구 탈 때에도 마음이 긴장되는데, 하늘로 승천한다니! 그것도 불 말과 불 병거를 타고 말이다.

그런데 하나님은 지금 엘리야가 서 있는 자리가 아니라 다른 자리에서 엘리야를 하늘로 끌어올리려고 하신다. 엘리야와 엘리사가 현재 서 있는 장소는 길갈이었다. 이 길갈이 어떤 장소인가? 길갈은 이스라엘 백성들에게 매우 유서 깊은 곳이다. 이스라엘 백성들이 애굽에서 종살이하다 출애굽하여 광야에서 40년을 지내고 요단강을 건너 가나안 땅에 들어가 처음 도착한 장소가 길갈이다.

그러니까 젖과 꿀이 흐르는 땅인 가나안에 첫발을 내디딘 장소가 길갈이다. 따라서 이스라엘 백성들에게 길갈이라는 지명은 익숙했다. 길갈은 하나님께서 이스라엘 백성들과 함께 하셨다는 축복의 역사를 간직하고 있는 장소였다.

아마 엘리야는 이런 유서 깊은 곳에서 자신을 불러올리실 것이라 생각했는지도 모른다. 그러나 하나님은 다른 장소를 말씀하셨다. 바로 길갈 남쪽에 있는 벧엘로 엘리야를 인도하셨다.

열왕기하 2장 2절이다.

'엘리야가 엘리사에게 이르되 청하건대 너는 여기 머물라 여호와께서 나를 벧엘로 보내시느니라 하니 엘리사가 이르되 여호와께서 살아

계심과 당신의 영혼이 살아 있음을 두고 맹세하노니 내가 당신을 떠나지 아니하겠나이다 하는지라 이에 두 사람이 벧엘로 내려가니'

여기 유념해서 보아야 할 내용이 엘리사의 행동이다. 엘리야는 무슨 연유에서인지 엘리사에게 자신을 따라오지 말라 했다. 그러나 엘리사는 하나님과 엘리야의 살아계심을 두고 맹세까지 하면서 스승인 엘리야를 따르고 있다. 결과적으로 이런 엘리사의 행동은 반드시 필요했다.

엘리야는 하나님의 말씀을 따라 벧엘로 내려갔다. 하나님은 왜 엘리야와 엘리사를 벧엘로 인도하셨는가? 이스라엘 역사 속에서 벧엘은 어떤 의미를 가지고 있는가? 벧엘의 의미는 '하나님의 집'이라는 의미를 가지고 있다. 믿음의 조상 중 한 명인 야곱이 형 에서를 피해 외삼촌 집으로 가다가 하나님을 만난 곳이 벧엘이다. 벧엘이라는 이름은 야곱이 하나님을 만나고 난 후에 지은 것이다.

하나님이 인도하시는 장소로 올 때마다 특히 엘리사는 깊은 교훈을 받았음에 틀림없다. 특히 그 지명들이 가지고 있는 하나님과 이스라엘의 관계, 하나님이 이스라엘을 위하여 이루어주신 역사를 되돌아보고 하나님의 은혜를 경험했을 것이다.

하나님은 다시 두 사람을 벧엘 동쪽에 있던 여리고로 인도하셨다. 열왕기하 2장 4절이다.

'엘리야가 그에게 이르되 엘리사야 청하건대 너는 여기 머물라 여호와께서 나를 여리고로 보내시느니라 엘리사가 이르되 여호와께서 살아 계심과 당신의 영혼이 살아 있음을 두고 맹세하노니 내가 당신을 떠나지 아니하겠나이다 하니라 그들이 여리고에 이르매'

엘리야는 또 엘리사에게 따라오지 말라 하고 엘리사는 똑같은 맹세를 하면서 스승을 따르고 있다. 하나님이 인도하신 여리고는 또 어떤 곳인가? 여리고 역시 이스라엘을 위하여 하나님의 위대한 역사가 일어났던 곳이다. 세상에 이런 전쟁이 또 있었을까? 이스라엘이 여리고와 전쟁을 벌였다. 그 전쟁의 모든 지휘를 하나님이 하셨는데, 하나님께서는 여리고 성을 7일 동안 13바퀴 돌고 큰 함성을 지르라 하셨고 백성들이 그대로 했더니 성이 무너졌다.

굳이 설명을 하지 않아도 하나님의 위대한 역사에 대하여 시청각 교육이 제대로 되는 장소가 여리고이다. 여리고 역시 엘리사에게 하나님과 하나님의 역사를 주목하게 만들었다.

이 말씀을 읽는 우리들도 마찬가지다. 하나님의 인도하심을 따라가면서 그 지명이 가지고 있는 영적인 의미를 놓치지 말아야 한다. 왜냐하면 그 때 위대한 역사를 일으키신 하나님은 우리의 하나님도 되시기 때문이다. 지금도 여전히 하나님은 역사하시기 때문이다.

그러면 엘리야가 여리고에서 승천을 했는가? 아니다. 하나님은 마지막으로 엘리야를 요단으로 인도하셨다. 열왕기하 2장 6절이다.

'엘리야가 또 엘리사에게 이르되 청하건대 너는 여기 머물라 여호와께서 나를 요단으로 보내시느니라 하니 그가 이르되 여호와께서 살아 계심과 당신의 영혼이 살아 있음을 두고 맹세하노니 내가 당신을 떠나지 아니하겠나이다 하는지라 이에 두 사람이 가니라'

인도하시는 장소만 다르고 같은 이야기가 반복된다. 하나님께서 엘리야를 요단으로 인도하시는데, 요단 역시 이스라엘 백성들에게 잊을 수 없는 장소다. 홍해바다가 갈라진 후 40년 만에 요단강이 갈라지는 역사가 일어났다. 이 사건은 하나님께서 이스라엘 백성들과 함께 하신다는 위대한 증거였다. 이제 본격적으로 약속의 땅, 구원의 땅으로 들어가는 관문이 요단강이었는데, 그 관문을 하나님께서 기적적인 방법으로 열어주셨다.

결국 엘리야의 뒤를 이어 이스라엘의 선지자 사역을 감당해야 하는 엘리사에게 하나님이 멋진 시청각 교육을 시키고 계신다. 그 선지자 사역의 핵심이 무엇임을 말씀하시는 것인가? 바로 구원이다. 하나님께서 전능하신 능력으로 이스라엘 백성들을 구원하시기 위하여 하셨던 일을 여러 장소들을 통하여 보여주신 것이다. 이스라엘 백성을 사랑하시는 하나님이 여전히 함께 계심을 잊지 말라는 것이다. 이 진리는 언제나 동일하다. 우리가 배워야 하는 진리다. 하나님은 구원의 하나님이시다. 그 구원의 위대한 역사는 지금도 일어나고 있다.

순종의 축복(왕하 2:1-8)

본문 말씀에는 우리가 잊지 말아야 할 귀한 진리가 계속 나온다. 하나님은 엘리야를 계속 인도 하셨다. 즉 길갈에서 벧엘로, 벧엘에서 여리고로, 여리고에서 요단으로 인도하셨는데, 스승인 엘리야는 제자인 엘리사에게 반복해서 자신을 따라오지 못하도록 했다. 그러나 엘리사는 맹세까지 하면서 엘리야를 끝까지 따라갔다.

그 과정에서 엘리야는 제자 엘리사에게 너무나 귀한 진리를 가르치고 있다. 이동하는 장소의 구원사적인 의미를 통해서도 중요한 교훈을 줬다. 장소들이 가지고 있는 구원사적인 의미를 통하여 엘리야는 엘리사에게 선지자의 정체성을 깨닫게 했다.

본문 2절, 4절, 6절에 보면 공통적으로 언급되는 중요한 말씀이 나온다. 그게 무엇인가?

'여호와께서 나를 어디 어디로 보내시느니라.'다. 이 말씀이 왜 중요한가? 이 말씀은 하나님의 말씀에 그대로 순종하는 엘리야의 모습을 보여주기 때문이다. 하나님은 본문 2절에서 엘리야를 어디로 보내신다고 말씀하고 있는가? 벧엘이다. 4절에서는 어디로 보내시는가? 여리고이고 또 6절에서는 어디인가? 바로 요단이다. 요단강이다.

엘리야는 자신의 후계자인 엘리사 앞에서 어떻게 행동하고 있는가? 2절 끝에 보면 '두 사람이 벧엘로 내려갔다'고 기록하고 있다. 여기 하나님을 향한 엘리야의 믿음이 드러나고 있다. 즉 하나님이 하라고 하셨으니 그대로 순종한다. 4절 끝에도 '그들이 여리고에 이르매', 또 7절에도 마찬가지다. 하나님께서 요단으로 자신을 부르신다고 엘리사에게 말한 엘리야는 아무 말 없이 요단으로 향한다. 7절 끝에도 '그 두 사람이 요단 가에 서 있더니'라고 말씀한다.

엘리사는 자신의 스승 엘리야가 하나님의 말씀에 어떻게 반응하는지를 하나도 빼놓지 않고 다 보고 있었다. 엘리야는 하나님께서 말씀하실 때마다 군소리 하지 않았다. 벧엘로 가라 말씀하시면 벧엘로 갔다. 여리고로 가라 하시면 여리고로 갔고 요단으로 가라 하시면 요단으로 갔다.

사실 엘리야는 하나님의 말씀에 순종하는데 있어서 하나님의 인정을 받은 사람이다. 엘리야가 역사의 무대에 처음 등장하는 열왕기상 18장 이후를 보면 그것을 잘 알 수 있다.

아합 왕에게 들어가서 하나님의 뜻을 전하라고 할 때 엘리야는 생명을 걸고 순종했으며, 가뭄을 피하기 위하여 그릿 시냇가로 가라 하실 때도 그대로 순종했다. 더 놀라운 사실은 그릿 시냇가를 떠나 원수의 나라 안에 있는 사르밧 지방으로 가서 가뭄을 피하라고 할 때도 두말없이 순종했다. 사르밧은 '용광로'라는 의미를 가지고 있다. 그러니까 엘리야가 하나님의 말씀을 순종하는 일이라면 '용광로'도 개의치 않았다는 말이다.

그러나 그 때하고 지금은 아주 중요한 차이가 있다. 그때는 하나님과 엘리야 둘 뿐이었다. 지금은 후계자 엘리사와 함께 있다. 그 때는 엘리야가 순종하는 모습을 하나님만 보셨다. 그러나 지금은 하나님과 엘리사가 함께 그 모습을 보고 있다. 결국 이 사건은 하나님께서 엘리야의 후계자를 세우시는데 있어서 스승인 엘리야가 어떻게 하나님께 순종하는 사람인가를 엘리사에게 보여주시려는 의도가 있었다.

우리 인생들이 이 땅에서 살아갈 때 하나님께 순종하는 것은 생사가 달린 일이다. 하나님께 순종하는 삶을 살 때 우리의 인생을 제대로 살게 되어 있다. 순종할 때 하나님의 축복이 보장되고 하나님의 능력도 우리의 삶속에 나타난다. 많은 사람들이 순종에 대하여 오해하는 경향이 있다. 하나님의 뜻대로 살면 손해를 본다고 생각한다. 또 이 세상에서 인정받지 못한다고 생각한다. 만일 순종해서 손해 보는 일들이 발생한다면 거기에 하나님의 특별한 계획이 있는 것이다. 대부분은 그렇지 않다. 세상에서 더 인정받는다. 결코 손해 보지 않는다. 오히려 하나님께 순종하지 않아서 손해를 본다. 하나님께 순종하지 않으니까 우리의 삶에 하나님의 능력이 나타나지 않는다.

본문에서 엘리사를 앞에 두고 하나님께 순종하는 엘리야에게 어떤 일이 일어나고 있는가? 열왕기하 2장 8절이다. **'엘리야가 겉옷을 가지고 말아 물을 치매 물이 이리 저리 갈라지고 두 사람이 마른 땅 위로 건너더라.'** 길갈에 서 있던 엘리야를 하나님께서 벧엘로, 여리고로, 요단으로 가라고 하셨고 엘리야가 그대로 순종했을 때 위대한 능력이 나타나고 있다. 요단강을 건너야 하는데 다리가 없었다. 강물도

깊었다. 그런데 엘리야가 겉옷을 둘둘 말아서 요단 강물을 치니까 강물이 갈라져서 길이 생겼다. 할렐루야! 이것이 하나님의 능력이다.

엘리야는 이스라엘의 등불 역할을 감당했다. 죄악으로 어두워진 이스라엘을 하나님의 진리의 말씀으로 밝히는 등불 역할을 했다. 그가 이스라엘의 흑암을 밝히는 등불이 될 수 있었던 것은 단 하나, 하나님께 순종하는 삶을 살았기 때문이다. 그리고 이제는 사랑하는 후계자 엘리사에게 그 비결을 가르쳐주고 있다.

우리가 살고 있는 지금도 그 시대와 동일하다. 온 세상이 죄악으로 깜깜하다. 아니 그 때보다 오히려 더 어둡다 해도 과언이 아니다. 이 어둠의 시대를 밝힐 등불이 누구인가? 바로 예수님을 믿는 성도들이다. 왜 그런가? 이 어두운 세상을 밝히는 등불이 될 수 있는 자격은 하나님의 자녀들만이 가지고 있기 때문이다. 하나님의 자녀들만이 하나님과 하나님의 말씀에 순종할 수 있기 때문이다.

따라서 우리 모두는 엘리야와 같이 순종의 자리에 서야 한다. 예수님을 믿는 성도라면 엘리야의 자리에 서야 한다. 특히 자신의 후계자, 자신의 제자에게 '하나님의 말씀에 이렇게 순종하는 것이다'라는 모범을 보여주는 자리에 서야 한다. 그렇게 할 때 우리를 통하여 하나님의 능력이 나타난다. 요단강이 갈라지는 능력이 나타난다. 뿐만 아니라 우리의 순종을 지켜보는 우리의 제자들, 우리의 후계자들에게도 능력이 나타난다.

열왕기하 2장 14절 말씀에 보면, 엘리야가 하늘로 올라가고 난 다음에 엘리사에게도 같은 능력이 나타난다. 즉 엘리사가 자기 스승처럼 요단강을 가르는 능력을 행한다.

엘리사는 복이 있는 사람이었다. 왜 그런가? 너무나 멋진 자신의 선생님이 있었기 때문이다. 하나님의 말씀에 온전히 순종하는 선생님인 엘리야를 통하여 엘리사는 순종을 배웠다. 엘리야가 하나님께 순종하는 모습을 눈으로 직접 확인했다. 엘리사는 그 순종의 모습을 평생 잊지 않았다. 그 결과 스승 엘리야와 같은 능력이 주어졌다. 아니 갑절의 능력이 주어졌다. 뿐만 아니라 엘리야에 이어 죄악의 어둠에 묻힌 이스라엘을 밝히는 등불의 역할을 할 수 있었다.

갑절의 능력(왕하 2:1-9)

현재 나는 누구의 믿음의 스승인가? 또 나의 믿음의 스승은 누구인가? 일반적으로 우리 모두는 누군가에게 스승으로 살아간다. 원하든 원하지 않든지 우리는 우리보다 나이 어린 사람들의 스승으로 살아간다. 가정을 가지고 있다면 우리는 자식들의 스승이다. 스승이라면 우리의 제자들에게, 우리의 후계자들에게 반드시 보여줄 삶의 모범들이 있다.

특히 성도인 우리는 믿음의 모범을 보여야 한다. 바로 엘리야가 엘리사에게 보여준 하나님께 순종하는 모범을 보여줘야 한다.

가정에서 아이들은 부모를 보고 배운다. 부모가 신앙생활 하는 것을 보고 그대로 배운다. 부모님이 하나님의 말씀을 순종하는지 그렇지 않은지를 무의식적으로 보고 배운다.

자녀들은 부모가 성경말씀을 읽는지 읽지 않는지를 무의식중에 본다. 평소에 기도생활 여부도 본다. 다른 사람들에 대한 덕담을 많이 하는지 아니면 비난과 험담을 많이 하는지도 본다.

인생의 위기를 만날 때 하나님을 의지하는지 않하는지, 하나님의 말씀을 붙잡고 기도하면서 그 위기를 돌파해 나가는지 아니면 원망 불평으로 일관하는지도 본다. 또 하나님 앞에 헌금생활을 바로 하는지 그렇지 않은지도 다 보고 있다. 주일성수를 거룩하게 하는지 않는지도 자녀들에게 숨길 수 없다.

자식들이 부모님의 신앙에 대하여 평가하는 것을 종종 듣는다.

'우리 부모님은 하나님 앞에 바로 서려고 애쓰던 분이었다, 우리 부모님은 어려운 일을 만나도 항상 하나님 앞에 엎드려 기도하면서 해결하셨다, 우리 부모님은 언제나 하나님의 말씀을 가까이 하셨다, 우리 부모님이 주일예배를 빼먹는 것을 본적이 없다, 우리 부모님이 십일조 빼먹는 것을 본적이 없다, 우리 부모님은 어려운 사람들을 보면 그냥 지나치는 분이 아니셨다. 우리 부모님은 목사님을 잘 섬기셨다.'

부모의 이런 모습을 보면서 자란 자녀들은 행복한 사람들이다. 이런 말을 하는 사람들의 특징은 하나님 앞에서 대부분 반듯하다.

우리들은 어떤가? 우리의 자녀들에게 이런 모습을 보여주고 있는가? 엘리야가 엘리사에게 보여줬던 하나님께 순종하는 모습을 보여주고 있는가? 하나님은 이런 사람들을 선한 도구로 사용하신다. 죄악으로 어두워진 세상을 밝히는 등불로 사용하신다.

또한 우리는 부모이기도 하지만 자식의 위치에도 있다. 선생님의 위치에도 있지만 아울러 제자의 위치에도 있다. 좋은 부모, 좋은 선생님이 된 사람들은 대부분 좋은 제자였던 사람들이다. 좋은 스승이 되려면 좋은 제자가 되어야 한다. 엘리사에게서 그 비결을 배울 수 있다. 앞에서 좋은 스승이 아무리 귀한 것을 가르쳐주고 보여줘도 제자의 자세가 바르지 않으면 소용없다. 아무리 부모의 신앙이 훌륭해도 자식이 그 신앙을 본받지 않으면 헛일이다. 좋은 스승과 좋은 제자 둘 다 필요하다. 좋은 부모와 좋은 자녀가 필요하다.

본문에서 보면 스승 엘리야는 제자 엘리사에게 이해가 안 되는 말을 계속한다. 엘리야는 하나님께서 자신을 길갈에서 벧엘, 벧엘에서 여리고, 여리고에서 요단으로 보내신다고 말하면서 엘리사가 자신을 따라오지 못하게 한다. 2절, 4절, 6절에서 따라오지 말란 말을 반복한다.

그런데 그 때마다 엘리사가 어떻게 대답하는가? 엘리사는 맹세까지 하면서 스승을 따라갔다. 그렇다면 엘리사가 스승의 말을 거부하고 계속 따라간 이유가 무엇인가? 그 이유가 열왕기하 2장 9절에 나온다.

'건너매 엘리야가 엘리사에게 이르되 나를 네게서 데려감을 당하기 전에 내가 네게 어떻게 할지를 구하라 엘리사가 이르되 당신의 성령이 하시는 역사가 갑절이나 내게 있게 하소서 하는지라'

스승 엘리야는 하나님 앞에 자신처럼 바로 서기를 원하는 제자 엘리사가 너무나 대견했다. 그래서 하늘로 올라가기 전에 그를 축복하고 싶었다. 제자들에 대한 이런 마음이 복된 마음이다. 축복의 그릇이 준비되어야 축복이 임한다. 엘리야가 엘리사에게 '내가 너에게 무엇을 하여 주기를 원하느냐?'고 묻는다. 이 말을 듣자마자 엘리사는 아주 엄청난 요구를 한다. 이 대답은 이전 번역 성경이 더 실감난다. '선생님이 가지고 있는 영감의 두 배를 가지고 싶습니다.'라고 대답했다. 여기서 영감이라는 말은 '성령께서 하시는 역사'를 뜻한다. 엘리야를 통하여 드러나는 성령님의 능력이라는 말이다. 엘리사는 왜 이런 능력을 구한 것일까? 스승의 시대보다 자신의 시대가 더 악했기 때문이다. 그런데 자신의 능력을 보니 도저히 선지자의 사명을 감당할 자신이 없었다. 그래서 스승보다 더 큰 능력을 구했던 것이다.

이런 능력은 누가 주시는가? 하나님만이 주신다. 엘리야에게 엘리사가 구하고 있었지만 엘리야는 그런 능력을 줄 수가 없다. 그래서 본문 10절에 보면, 그런 능력은 하나님만이 주실 수 있음을 엘리사에게 말하고 있다. 그런데 본문 15절에 보면, 하나님께서 엘리사에게 갑절의 능력을 주신 것을 확인할 수 있다. 엘리사 역시 스승인 엘리야가 요단강물을 갈랐던 것처럼 똑같이 가르고 있다. 이것은 성령이 주시는 갑절의 능력을 받았다는 증거가 된다.

스승인 엘리야가 엘리사에게 따라오지 말라 했을 때, 엘리사가 스승 따르기를 포기했다면 어떻게 되었을까? 사실 길갈에서 벧엘, 벧엘에서 여리고, 여리고에서 요단으로 계속 이동하는 것은 쉽지 않다. 승용차나 버스 같은 이동수단이 있는 것도 아니고 주로 걸어서 가야 했다. 귀찮고 따분해서 스승 따르기를 포기했다면 이런 능력이 엘리사에게 오지 않았을 것이다. 스승인 엘리야가 엘리사에게 무엇을 원하는지에 대해서도 묻지 않았을 것이다. 그렇게 되면 엘리사는 하나님이 주신 갑절의 능력도 받지 못했을 것이다.

성도는 배우려는 자세가 있어야 한다. 하나님이 주시는 구원은 믿음으로 받는다. 그러나 구원받은 이후에 성도답게 살려 하면 능력이 필요하다. 성도의 사명을 감당하려면 갑절의 능력이 필요하다. 왜냐하면 세상이 더 악하고 죄악의 밤이 점점 깊어지기 때문이다.

중요한 사실은 그 능력의 필요성을 알고 있느냐다. 필요성을 안다는 것은 능력을 주실 때 구체적으로 어디에 사용할 것인가를 안다는 말이다.

그 능력의 필요성을 안다면, 하나님의 능력을 어디에 사용해야 하는지를 안다면 이제 하나님께 성령의 능력을 구해야 한다. 엘리사가 엘리야에게 구했던 갑절의 능력을 구해야 한다. '세상은 넓고 할 일은 많다'고 어떤 분이 말했는데, 영적으로 보면 이 말보다 더 절실한 말이 없다. 지금 온 세상을 보라. 죄악의 밤이 점점 더 깊어져 간다. 수많은 사람들의 머릿속에 하나님이 계시지 않는다. 피조물인 인간이 스스로 하나님이라고 큰 소리를 친다. 그러다보니 가짜 하나님들이 진짜 하나님께 계속 도전한다. 도전하면서도 당당하고 떳떳하다. 죄를 범하면서도 그렇게 대담할 수가 없다.

이럴 때 하나님이 찾으시는 사람이 누구일까? 엘리사와 같은 사람이다. 죄악 된 세상에서 하나님의 능력을 가지고 대항할 줄 아는 사람이다. 우리가 속한 곳에서 죄악을 향하여 하나님의 능력으로 대적할 줄 아는 사람이다. 이런 사람들의 특징이 무엇인가? 갑절의 능력을 하나님께 구한다. 죄악과 싸워 이길 수 있는 능력을 구한다.

생명은 하나님의 피조물이다. 그래서 생명은 아름답다. 하나님은 인간을 하나님의 형상과 모양으로 창조하시고 생명을 누리게 하셨다. 이 생명 누림은 영원하다. 이 생명 누림은 인간의 정체성을 느끼게 한다. 이 땅에서 성도가 경험하는 생명 누림은 천국에서 누리는 생명 누림의 일부다. 천국의 풍성함을 일부 누리는 것이다.

그 생명 누림에 필수가 생명의 원천 되시는 하나님과 동행하는 것이다. 어떻게 하나님과 동행하는가? 바로 구원 경험을 통해서다. 하나님이 일으키신 구원을 경험하고 먹는 것이다. 길갈의 구원, 벧엘의 구원, 여리고의 구원, 요단의 구원을 듣고 누리고 먹는 것이다. 이렇게 할 때 갑절의 능력을 받는다. 성령님께서 역사하셔서 요단강을 가르게 하신다. 우리는 이 구원을 먹는 일에 순종해야 한다. 믿음으로 순종해야 한다. 하나님이 우리에게 주신 사명을 감당한다는 의미는 하나님의 구원을 믿고 경험한다는 뜻이다.

하나님의 사명을 감당해야 할 필요성이 여기에 있다. 하나님의 일을 감당하면서 하나님이 주시는 구원을 먹고 영원한 생명을 누리게 하신 것이다.

엘리야가 하나님의 사명을 감당하면서 하나님께 순종할 때 엘리야는 하나님의 구원을 누렸다. 영원한 생명을 누렸다. 길갈에서 벧엘로 벧엘에서 여리고로 여리고에서 요단으로 인도하시는 하나님께 순종할 때 하나님이 주시는 구원을 누린 것이다.

엘리야는 그 축복을 제자인 엘리사에게 가르쳐주고 있다. 자신이 직접 하나님의 말씀에 순종함으로 생명 누림을 전수하는 것이다. 갑절의 능력을 받아 사용하며 하나님의 사명을 감당했던 엘리사도 하나님이 주시는 풍성한 구원을 누렸다.

천국을 유산으로 상속받은 모든 성도들의 축복이 여기 있다. 하나님의 구원을 믿을 때 하나님의 생명을 맛본다. 천국에서 풍성하게 누릴 그 생명의 영광을 미리 맛보는 것이다. 성령의 능력이 갑절로 임하여 요단강을 가르는 구원을 누리게 하신다. 이 멋진 하나님의 사명에 순종하는 성도들이 되어 성령의 강력한 능력을 덧입고 살아가야 한다. 요단강을 가르는 일이 삶의 영역에서 많이 일어나야 한다.

토의 문제

1. 하나님의 말씀은 불변의 진리다.
사람들이 왜 진리를 부정하고 진리를 상대화시키는지에 대하여 나눠보라.

2. 하나님은 엘리야를 승천시키기 전에, 여러 장소로 인도하셨다. 모두 네 곳으로 길갈, 벧엘, 여리고, 요단이다. 이 장소들로 인도하신 의미에 대하여 나눠보라.

3. 길갈, 벧엘, 여리고, 요단으로 가라는 하나님의 말씀에 엘리야는 어떻게 반응하는가?
또 그 반응이 제자인 엘리사에게 어떤 영향을 미쳤는지를 나눠보라.

4. 엘리사가 스승인 엘리야에게 갑절의 능력을 구하고 있다. 갑절의 능력을 구한 이유가 무엇인지, 또 이 내용이 우리 성도들에게 어떤 의미가 있는지를 나눠보라.

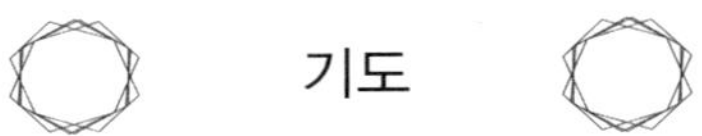

기도

1. 토의 내용을 통하여 하나님께 찬양하고 감사하며 고백하고 회개하라.

2. 토의 내용을 통하여 주신 기도제목을 가지고 간구하라.

나오며

하나님의 자녀는 최고의 영광을 선물로 받은 사람들이다. 그 최고의 영광을 '삼동'으로 설명할 수 있다. 즉 하나님과 동거하고 동행하며 동역하는 것이다.

'삼동'은 추상적인 구원을 좀 더 구체적으로 나타내는 말이다.

하나님의 소원은 당신의 자녀들과 함께 하나님의 집에서 영원히 사는 것이다. 즉 동거하는 것이다. 우리도 동거하는 사람을 함부로 선택하지 않듯이 하나님도 마찬가지다.

오직 독생자 예수님을 왕으로, 주인님으로 영접하는 사람에게만 허락하신다. 예수님을 영접할 때 하나님의 자녀가 되어 하나님과 함께 사는 동거가 허락된다. 하나님의 은혜로 말미암아 영광의 자리로 초대받는 것이다.

그리고 이 상태의 반복 유지가 동행이다. 즉 날마다 예수님을 왕으로 모시고 사는 것이다. 하나님의 마음에 우리가 가장 귀하듯이, 우리의 마음에 가장 귀한 분이 하나님인 상태로 날마다 사는 것이 동행이다. 이렇게 할 때 구원의 영광을 계속 경험하게 된다.

하나님은 이런 사람들에게 하나님과 함께 동역할 수 있는 자격과 능력을 주신다. 하나님의 일에 동역하게 된다. 우리의 일에 하나님이 동역해 주신다. 그 때 믿음의 위대한 역사가 일어나기 시작한다. 머릿속에 머물던 신앙이 손과 발을 통하여 드러나기 시작한다.

엘리야가 그 증인이다.

이 졸저를 읽는 사람마다 엘리야가 경험했던 '삼동'을 누렸으면 좋겠다. 구원의 하나님, 능력의 하나님이 우리 일상의 '창문'을 열고 들어오시는 경험을 날마다 했으면 좋겠다.

샬롬 마라나타 !!!

엘리야의 은나팔2

초판 1쇄 발행 2019. 12. 25.
지은이 김호성
펴낸이 방주석
펴낸곳 베드로서원
주 소 10252 경기도 고양시 일산동구 고봉로 776-92
전 화 031-976-8970
팩 스 031-976-8971
이메일 peterhouse@daum.net
창립일 1988년 6월 3일
등 록 (제59호) 2010년 1월 18일

ISBN 978-89-7419-385-0 03230

책값은 뒤표지에 있습니다.

베드로서원은 말씀과 성령 안에서 기도로 시작하며
영혼이 풍요로워지는 책을 만드는 데 힘쓰고 있으며,
문서선교 사역의 현장에서 세계화의 비전을 넓혀가겠습니다.

나의 힘이신 여호와여 내가 주를 사랑하나이다(시 18:1)